世界上的城市
——城市化的新视角

Cities in the World:
A New Perspective on Urbanisation

经济合作与发展组织　欧盟委员会　著
郭理桥　译

中国建筑工业出版社

著作权合同登记图字：01-2021-2438号

图书在版编目（CIP）数据

世界上的城市：城市化的新视角 / 经济合作与发展组织，欧盟委员会著；郭理桥译. —北京：中国建筑工业出版社，2021.5（2022.10重印）

书名原文：Cities in the World：A New Perspective on Urbanisation

ISBN 978-7-112-26290-8

Ⅰ.①世… Ⅱ.①经… ②欧… ③郭… Ⅲ.①城市化—研究—法国 Ⅳ.①F299.565.1

中国版本图书馆CIP数据核字（2021）第135027号

责任编辑：李　明　孙书妍
助理编辑：葛又畅
版式设计：锋尚设计
责任校对：焦　乐

世界上的城市——城市化的新视角
Cities in the World: A New Perspective on Urbanisation
经济合作与发展组织　欧盟委员会　著
郭理桥　译

*

中国建筑工业出版社出版、发行（北京海淀三里河路9号）
各地新华书店、建筑书店经销
北京锋尚制版有限公司制版
北京建筑工业印刷厂印刷

*

开本：787毫米×960毫米　1/16　印张：12½　字数：202千字
2021年9月第一版　2022年10月第二次印刷
定价：**65.00**元
ISBN 978-7-112-26290-8
（37654）

前　言

过去40年里，全球人口几乎翻了一番，农村、城镇，特别是城市的规模也迅速增长。目前，城市人口几乎占全球人口的一半，且到2050年，这一比例预计将达到55%。气候紧急状态、人口变化和数字化等全球大趋势将以不同的方式影响城市、城镇和农村地区。这凸显了制定针对具体地域、跨越不同政策体系、高效而连贯的对策的重要性。

这些挑战皆具全球性和紧迫性，都要求我们在通用解决方案、数据和方法层面达成共识，并借由经济合作与发展组织（以下简称经合组织）和欧盟委员会等多边和国际组织的工作提供便利和支持。经合组织和欧盟委员会在分析和制定区域、城市和农村政策方面有着悠久的传统。此外，两者都旨在通过搭建政策实践交流的专用平台，促进所有区域、城市和农村地区的增长，改善人民福祉。例如，经合组织区域发展委员会（RDPC）、欧盟的凝聚力政策、农村发展政策等。

本书结合图表对组织间的合作进行了生动的释义，即协同合作有助于制定循证政策，并最终改善人类生活。尽管全球围绕城市化问题的讨论持续激烈，但对“城市”“城镇地区”和“农村地区”等概念一直缺少一个全局的定义，这也限制了全球范围的有价值的对比研究。本书还利用联合国统计委员会于2020年3月核准的定义，首次对城市、城镇和农村地区的增长作出分析，为城市化研究提供了新的视角。

本书也揭示了城市化的驱动因素和结果。例如，通过对比城镇和农村地区，重点阐释了城市生活的利弊，即在享受更多的就业机会、更好的医疗和教育资源的同时，也在承担更高的生活成本、空气污染、交通拥堵和犯罪活动。本书聚焦了大都市区的增长，显示规模最大的大都市区人口增长最快，而相比之下，有五分之一的大都市区正在收缩。此外，它还强调了城镇在连接城市和农村方面的重要性。尽管一些大都市区的人口有所减少，但是人口快速增长的整体态势，依然要求制定新的全面、有效的政策来提供公共服务、交通、基础设施及经济适用房。

本书为未来的公共政策开辟了新的路径。通过对世界各地复杂的住区模式进行分类、衡量和对比，有助于我们明确当前和未来的需求，以促进城市、城镇和农村地区的兼容并蓄和繁荣发展。同时，本书也为决策者们实现联合国可持续发展目标提供了一个新的工具，有助于进一步实现各地区经济、社会和环境的可持续发展。

致谢

本书由经合组织（创业、中小企业和区域发展中心，Lamia Kamal-Chaoui指导）和欧盟委员会（区域和城市政策总局，联合研究中心）联合编写。其得益于欧盟委员会区域和城市政策总局的财政支持。

其中，经合组织一方，本书在Rudiger Ahrend的监督与Joaquim Oliveira Martins的指导下，由Lukas Kleine-Rueschkamp和Paolo Veneri编制。欧盟委员会一方，由Lewis Dijkstra编制。J. Vernon Henderson教授（伦敦经济学院）和Tony Venables教授（牛津大学）就本项目提供了科学指导。本书由Lewis Dijkstra（欧盟委员会）、Dante Donati（经合组织）、Jared Gars（经合组织）、Lukas Kleine-Rueschkamp（经合组织）和Paolo Veneri（经合组织）起草。

本书编制过程中还得益于以下人士的支持：Aneta J. Florczyk、Sergio Freire、Thomas Kemper、Luca Maffenini、Michele Melchiorri、Martino Pesaresi和Marcello Schiavina（均属欧盟委员会-联合研究中心）提供了数据支持、分析及咨询意见；Ana Moreno-Monroy（经合组织）和Marcello Schiavina（欧盟委员会-联合研究中心）在全球大都市区的划定方面提供了参考意见；J. Vernon Henderson（伦敦经济学院）、Vivian Liu（伦敦经济学院）、Cong Peng（加利福尼亚大学圣地亚哥分校）和Adam Storeygard（塔夫茨大学）按发展中国家的城市化水平提供了人口统计和健康调查的相关分析；Bryan Jones、Deborah Balk、Hasim Engin（均属纽约城市大学）、Stefan Leyk（科罗拉多大学博尔德分校）和Mark Montgomery（人口理事会）按城市化水平提供了预测；Eleni Papadimitriou（欧盟委员会-联合研究中心）提供了社会福利与生活质量方面的有关数据（包括按性别划分）；Paolo Bolsi、Hugo Poelman（均属欧盟委员会-区域和城市政策总局）、Chris Jacobs-Crisioni、Mert Kompil、Andrius Kucas（均属欧盟委员会-联合研究中心）、Dimitrios Papaioannou（国际运输论坛）和Dennis Mwaniki（联合国人居署）提供了交通运输方面的相关分析；Olivier

Draily（欧盟委员会–区域和城市政策总局）制作了地图和封面。

特别感谢以下人士对本书的各种草案提出的宝贵意见：Aziza Akhmouch、Enrique Garcilazo、Soo–Jin Kim、Oscar Huerta Melchor、Tadashi Matsumoto、Ana Moreno–Monroy（均属经合组织）和Chris Jacobs–Crisioni（欧盟委员会–联合研究中心）。同时，感谢经合组织区域发展政策委员会及其区域指标、城市政策、农村政策工作小组的代表们对整个项目提出的意见与指导。感谢经合组织区域指标工作小组的代表们就城市化的发展与城市功能区的界定提供的指导。

最后，感谢Eleonore Morena协助编辑，Claire Hoffmann协助统计，Nikolina Jonsson和Jeanette Duboys协助稿件出版，Pilar Philip协调生产流程。

目　录

图

表

专栏

找询更多经合组织出版物：

http://twitter.com/OECD_Pubs

http://www.facebook.com/OECDPublications

http://www.linkedin.com/groups/OECD-Publications-4645871

http://www.youtube.com/oecdilibrary

OECD Alerts http://www.oecd.org/oecddirect/

绪 论

城市人口约占全球人口的一半。然而，各国之间对城市和农村的界定仍存在较大的差异，这并不利于全球范围的有价值的对比研究，也阻碍了对联合国可持续发展目标（SDGs）的精准监测。本书述及这一空白，并首次使用2020年联合国统计委员会认可的定义，提供了世界各地城市化的新证据。

城市人口在过去40年（本书引用的数据截止到2015年，“过去40年”通常指1975~2015年）里增长了一倍多，从1975年的15亿增长到2015年的35亿。预计2050年将达到50亿，约占世界人口的55%。根据城市化水平，本书将整个人类居住区域分为三种，即城市、城镇和半密集地区、农村，几乎一半（48%）的世界人口生活在城市，四分之一（24%）生活在农村，其余人口（28%）生活在城镇和半密集地区。区别于传统的城乡二分法，本书将城市化水平分为三种，进一步关注到城乡连续体这一类型。

书中还提及了大都市区（又称城市功能区）的概念。大都市区关注的重点是一体化的城市劳动力市场，既包括城市的核心区，也包括周边的通勤区。大都市区人口占世界总人口的54%，其中，通勤区人口占大都市区的17%，高收入国家这一占比甚至达到31%。

在界定上述三种城市化水平以及大都市区概念的基础上，本书为城市化研究提供了一个新的视角：它评估了城乡连续体的生活质量；审视了经济发展与大都市区之间的关系；阐述了大都市区的人口增长（与减少）；揭示了城市的扩张与高密度化，及其对可持续发展的影响。最后，研究表明，城镇和半密集地区在很多方面介于城市与农村之间，具有其独特的社会经济属性。

通常，城市生活质量更高

- 总的来说，城市人口的生活满意度高于城镇和半密集地区或农村人口。

城市生活质量更高体现在几个方面，如城市人口拥有更高的收入、更多的就业机会、更好的公共服务，也更便捷地享受现代技术带来的福利。同样地，城市的教育水平远高于农村，城镇和半密集地区居中。拉丁美洲、东南亚及撒哈拉以南非洲表现得尤为显著，这些地区接受过8年及以上教育的城市人口比其他地区（城镇和半密集地区或农村人口）高出20%以上。

- 尽管在许多方面城市生活更为便利，但也有一些例外。城市人口更容易遭受犯罪、暴力和空气污染问题。此外，高血压、哮喘和糖尿病等健康问题在城市人口中也更为普遍。

经济发展和大都市区的崛起齐头并进

- 经济越发达的国家，居住在大都市区的人口比例往往也更大，尤其集中在最大的大都市区。高收入国家，100万以上人口的大都市区的比例（47%）约是低收入国家（12%）的4倍。发达经济体的城市化，与其历史上从农业到制造业的结构性转变有关。近期，这些国家的城市化过程中，通常伴随着产业向服务业的转移。亚洲国家主要通过传统的工业化实现城市化，而在非洲、拉丁美洲以及中东一些欠发达国家，主要依托自然资源禀赋，走了一条不同的城市化道路。
- 经济发展水平不仅影响大都市区的人口规模，还与人口分布相关。中等收入国家的大都市区人口集中在少数大都市。相比之下，高收入国家的大都市区人口实现了更广泛的空间分布。这似乎与区域经济发展差距有关（中等收入国家的区域经济发展差距最大）。

全球范围内，大都市区发展最快，许多中等规模的城市则出现萎缩

- 全球人口日益集中在大都市区。1990年，人口超过500万的大都市区的人口增长最快，每年比人口不足100万的大都市区多增长1%。自1990年以来，超过500万人口的大都市区的数量也增长了一倍，同时，出现了

10个新的“特大城市”（超过1000万人口的大都市区），主要集中在亚洲和撒哈拉以南非洲。

- 然而，人口增长并不局限于大都市区。许多发展中国家的城镇人口规模，在人口增长的大背景下，也迅速扩大，突破了5万门槛，进而发展为城市。1975～2015年间，约出现4000个新的大都市区。这一态势在低收入国家表现得尤为明显，2015年，原1990年的城镇已有一半发展为大都市区。
- 尽管大都市区正广泛兴起，然而，自2000年以来，全球20%的大都市区人口一直在减少。预测表明，到2050年，将会减少30%。目前，主要是东亚和欧洲的大都市区正在经历人口减少，这些地区的国民人口已增长缓慢甚至衰减。其人口不足100万的大都市区衰减最明显，自2000年以来，三分之一以上已衰减。这给决策者带来了新的挑战，须确保在结构性预算减少的情况下，政府仍能够为居民提供基本的公共服务，如教育、医疗卫生等。

城市形态的变化影响着可持续发展

- 过去40年里，城市人口通过不同的渠道实现快速增长。总体而言，现有城市密集化的主要原因是人口的增长，其次是地理空间的扩张。多数城市已更加高密度化。然而，大都市区周边通勤区域的人口增长速度比城市内部增长更快，空间上的人口分散可能会给城市规划带来挑战。
- 低收入国家几乎所有大都市区的基础设施和建筑物都相对匮乏。约四分之一的大都市区的基础设施和建筑物的建设速度赶不上人口增速，进一步加剧了人口密度和交通拥堵。与此相反，高收入国家多数大都市区，基础设施建设水平较高，且在人口减少的情况下，其基础设施更容易变得富余。此外，高收入国家有一半大都市区的建设速度超过了人口增速；在大都市区低密度空间扩张的情况下，这可能会带来更高的基础设施建设成本。总的来说，为改善公共交通、减少环境污染、减缓交通拥堵，一部分城市需要扩展其公共交通网络，另一部分则需要增加人口密度，尤其是公交站点周边的人口密度。

- 很多城市人口遭受着较严重的空气污染，每年早逝人数较多，COVID-19的死亡率也较高。同时，许多城市也在遭受洪涝和风暴的威胁，约五分之一的城市人口面临洪涝的风险，七分之一的人口面临风暴的风险。气候变化可能会加剧洪涝和风暴的规模和频率。如不采取行动，城市因洪涝和风暴造成的物质损失和生命财产损失将激增。未来几十年，城市面临的一个关键挑战，将是如何减少空气污染，减弱自然灾害的影响，及向低碳经济转型。

读者指南

本书采用两种方法对世界各国进行分类。其一，利用世界银行统计的各国收入数据，根据经济发展水平，将世界各国分为四类，即高收入国家、中等偏上收入国家、中等偏下收入国家和低收入国家。2018年人均国民总收入（GNI）在\$1025及以下的为低收入国家，\$1026 ~ \$3995之间的为中等偏下收入国家，\$3996 ~ \$12375之间的为中等偏上收入国家，在\$12376及以上的为高收入国家。

其二，按照地理区域分类。根据世界银行的地理分区，全世界划分为七个地区：东亚与太平洋地区、欧洲与中亚地区、拉美与加勒比地区、中东与北非地区、北美地区、南亚地区、撒哈拉以南非洲地区。

1 城市化的新视角

本章介绍了世界各地城市、城镇和半密集地区、农村以及大都市区人口数据的新发现，描述了过去40年人口比例的变化，并预测了至2050年的变化趋势。同时，阐述了两个较为广泛认可的新概念，即城市化水平和城市功能区，在此基础上提出了城市化的新视角。

关键信息

- 过去40年，拥有5万以上人口的城市，人口数量从1975年的15亿增长到2015年的35亿，整体翻了1倍多。预计到2050年，这一数字将达到50亿。
- 城市人口的增长主要源自三方面。四分之一的增长是由于人口超过5万的城市数量翻了1倍，约从5000个增加到10000个。一半的增长来自原有城市边界内的人口密度增长。剩余四分之一是现有城市的空间扩张，城市面积几乎翻了1倍。
- 基于上述原因，过去40年，城市总体人口密度有所增加。然而，无论是按照地理区域还是经济发展水平分类，世界各国间的人口密度仍存在较大差异。低收入国家的城市平均人口密度是高收入国家的4倍。
- 过去40年，城市人口比例从37%增长到48%，城镇和半密集地区以及农村地区的人口比例却在下降。然而，人口的强劲增长确保了各地区整体呈增长态势。
- 低收入国家的城市人口比例最小，农村人口比例最大。与城市相比，大都市区（城市及其通勤区）的经济发展与人口比例之间的相关性更强。低收入国家只有33%的人口生活在大都市区，而高收入国家这一比例达到70%。对于人口超过100万以上的大都市区，差异尤其明显。低收入国家，人口超过100万以上的大都市区仅占12%，而高收入国家为47%。
- 本书的新发现基于两个新概念（由6个国际组织联合提出，并于2020年3月得到联合国统计委员会的认可）。早前关于城市、城镇和农村地区的概念一直未明确，影响了全球范围内有价值的对比研究。两大概念的提出改变了这一现状，其旨在补充而非取代各国原有的界定。
- 第一个概念，即城市化水平，涵盖了城市与农村之间的过渡区域（城乡连续体）。根据人口规模与人口密度，将一国的整个领土划分为城市、城镇和半密集地区、农村。第二个概念，即城市功能区或大都市区，通过划入城市周边的通勤区，测算城市整体的劳动力市场情况。

- 依托于上述两个概念，本书提出了城市化研究的新视角，并为全球范围内的大都市区、城市、城镇和半密集地区以及农村地区的规模形态与趋势发展提供了新依据。

全球人口越来越多地生活在城市

1975年，全球37%的人口生活在城市（图1.1）。2015年，这一比例增长到48%。预计到2050年，将进一步增加到55%。这表明城市化正在放缓。到2015年，城市人口比例在10年内增长了近3%；到2050年，则可能不到2%。

农村人口比例一直在下降，从1975年的30%下降到2015年的24%。预测表明，农村人口的减少也会放缓。到2015年，农村人口比例每10年下降近2%；而此后，则可能不到1%。1975～2015年期间，城镇和半密集地区的人口每10年降低1%，预计这一趋势将持续到2050年。

图1.1 按城市化水平分类的全球人口比例（1975～2050年）

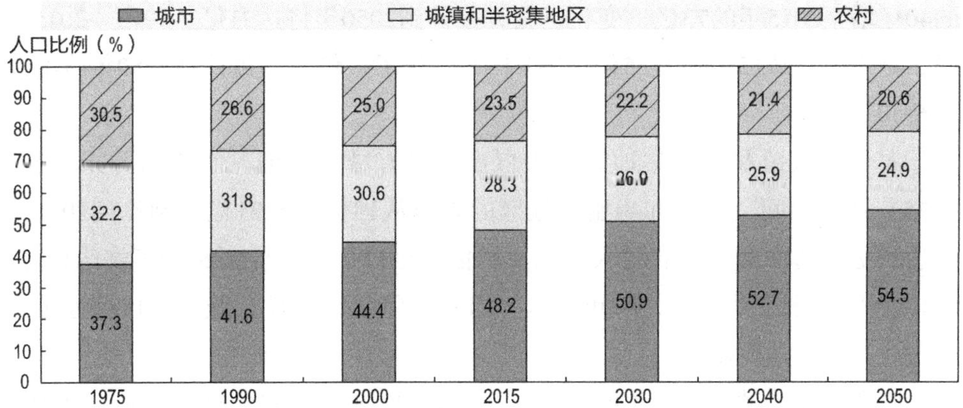

资料来源：Florczyk, A. 等人.（2019 [1]），*GHSL数据包2019（数据库）*, http://dx.doi.org/10.2760/06297; Jones, B. 等人（即将出版 [2]），*2100年全球人口网格预测*，欧盟出版局。

Stat Link https://doi.org/10.1787/888934130189

专栏1.1　城市化水平

本书就全球城市化的变化提出了新发现。基于城市化水平（见附件1.A中的广义概念），估算1975年、1990年、2000年和2015年的全球人口网格（见附件1.C），并预测截至2050年的全球人口（见附件1.D）。本书以前所未有的国际可比性展现了全球75年的城市化趋势。

基于城市化水平来判断，方法简单、中立，也可适用于世界各国。以1km²为一个人口网格单元，计算其人口规模和密度阈值。大致来说：

1. 城市由若干个相邻的网格单元组成，每个单元的人口密度不小于1500人/km²，或已建地块不少于50%。城市人口总规模不少于50000人。

2. 城镇和半密集地区由若干个相邻的网格单元组成，每个单元的人口密度不小于300人/km²，且已建地块不少于3%。城镇和半密集地区的人口总规模不少于5000人。

3. 农村是上述两类网格之外的地区。这类区域人口密度大多低于300人/km²。

然而，人口比例的变化并不能展现全球人口的变化。全球人口从1975年的40亿增至2015年的73亿，变化迅猛，预计到2050年将达91亿。1975～2015年间，城市人口从15亿增至35亿（图1.1），增长了一倍多，预计到2050年将继续增至50亿。

农村、城镇和半密集地区的人口比例虽有减少，但其总人口并未减少。1975～2015年间，城镇和半密集地区的人口从13亿增至21亿，预计到2050年将达23亿。这一期间，农村人口也从12亿增至17亿，预计到2050年将达19亿。图1.2表明，未来几十年，城市外围人口总量将缓慢增长。城市人口增速也会有所放缓，但并不显著。

联合国在《世界城市化前景》（联合国，2018[3]）中公布了1950～2100年城市和农村地区的人口数据。这些数字表明，城市人口持续较快增长。联合国的预测数据显示，1975～2050年间，城市人口翻了两番；而本书估测，城市人口在此期间增至三倍，城镇和半密集地区（许多国家定义其为城镇）人口将仅增长75%。联合国的数据显示，1975～2015年间，农村人口仅增长了20%，且

图1.2 按城市化水平分类的全球人口变化（1975～2050年）

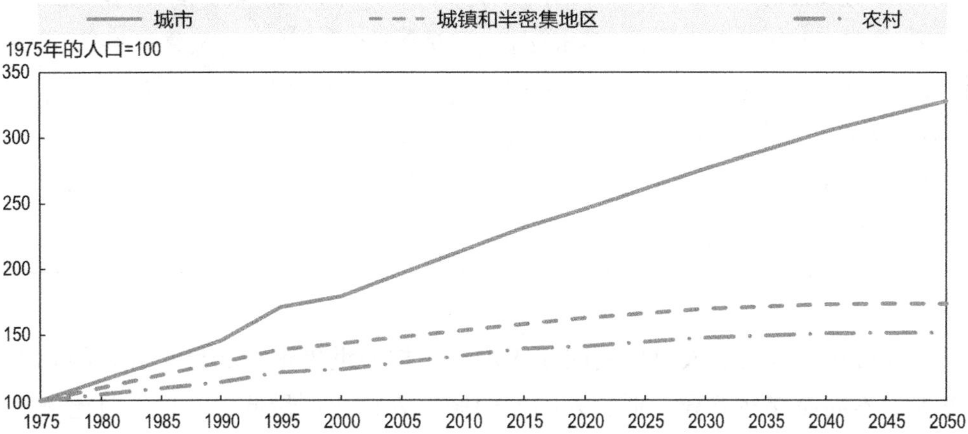

资料来源：Florczyk，A. 等人.（2019 [1]），*GHSL数据包2019（数据库）*，http://dx.doi.org/10.2760/06297；Jones，B. 等人（即将出版 [2]），*2100年全球人口网格预测*，欧盟出版局。

Stat Link https://doi.org/10.1787/888934130208

从2025年后开始减少；而本书显示，其增长了50%，且2015～2050年间，农村人口并不会减少。

专栏1.2 为什么需要对城市、城镇和农村地区作出全球认可、以人为本且具有国际可比性的界定

由于概念界定不统一，国际可比性有限，迄今为止，联合国可持续发展目标（SDGs）的实现一直受到阻碍。尽管已就可持续发展目标（SDGs）指标提出了方法论，即收集城市、城镇和农村地区的数据，但一直缺少明确的准则来界定这些地区。统一概念的缺失减弱了国际可比性，因此，欧盟、联合国粮食及农业组织（FAO）、国际劳工组织（ILO）、经合组织、联合国人居署和世界银行共同努力，就城市、城镇和半密集地区、农村等提出了一个全球认可、以人为本的统一概念，由此产生了城市化水平和城市功能区的界定，并于2020年3月得到联合国统计委员会的认可。本书首次使用这两个概念进行全球性分析。

将城市化水平划分为3个类别，而非2个，进一步反映了城乡连续体（城市与农村的过渡区域）的存在。3个类别分别是：（1）城市；（2）城镇和半密集地区；（3）农村。如此一来，对于既不属城市又不属农村的过渡区域（城镇和半密集地区），就有了独立的界定，这有助于建立全球共识。在如何区分居住区为城市或农村问题上，各国一直存有分歧，大多数国家将城镇归类为城市，但有些国家也将其归类为农村。本书将这些中型规模的居住区划为一中间类别（城镇和半密集地区），从而明确了该类居住区的过渡属性。

城市化各阶段的人口比例因收入水平（按照世界银行2015年界定的收入类别）不同而存在差异。低收入国家的城市人口比例最低，农村人口比例最高（图1.3）。中等收入国家和高收入国家之间的差别较小。这也反映了城市化类型的变化。伴随着社会发展，从周边地区通勤到城市变得越来越普遍，城市劳动力市场得以增长，但城市本身的人口却没有增长。将通勤区计算在内，数据显示，高收入国家的城市及其通勤区的人口比例明显高于中等收入国家。

图1.3　城市化各阶段的人口比例与世界银行的收入类别的关系（2015年）

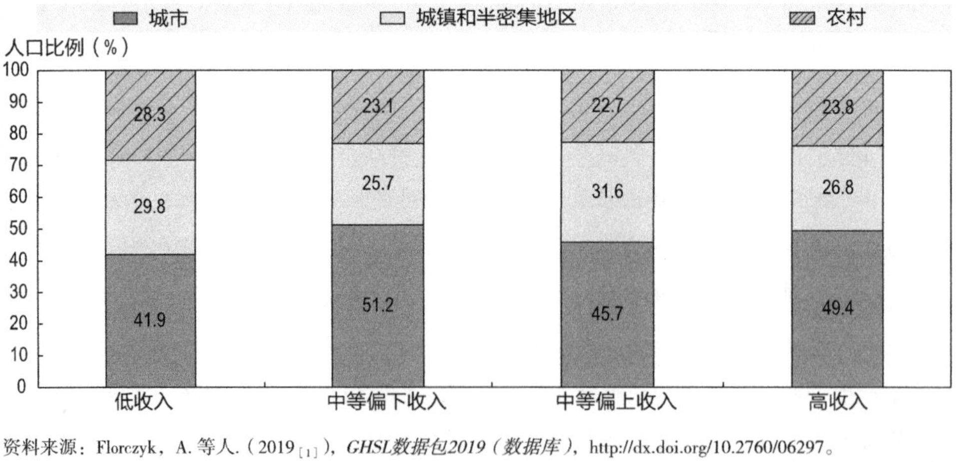

资料来源：Florczyk，A. 等人.（2019 [1]），*GHSL数据包2019（数据库）*，http://dx.doi.org/10.2760/06297。

Stat Link https://doi.org/10.1787/888934130227

城市和城镇逐渐扩大，以容纳更多人口

全球范围内，绝大多数人口生活在一小部分土地上。城市化各阶段的土地分布严重失衡。农村地区几乎占据了所有的土地。1975年，农村地区覆盖了全球99.2%的土地。1975～2015年间，这一比例略有下降，降到98.5%。预测表明，到2050年，农村土地占比也只会下降到98.3%。

另一方面，1975年，城市仅占全球0.2%的土地。伴随着20亿城市人口的增长，城市需要提供更多生活、工作和游憩的空间。2015年，城市覆盖的土地比例增加到0.5%。预测表明，城市土地占比整体增长较缓，到2050年，预计将达0.7%。

与城市相近，1975～2015年期间，城镇和半密集地区的总人口显著增加。由于这些人也需要空间，城镇和半密集地区的土地面积从0.5%增加到1%。预测表明，到2050年，这一地区几乎不会再增加。

城市人口和土地面积增长

在运用统一概念的基础上，对一定时期的城市进行研究，本书推断出城市人口增长的3个来源：（1）城镇发展为城市；（2）城市扩张；（3）城市致密化（城市人口密度增加）（表1.1）。当人口达50000人以上时，城镇发展为城市（根据城市化水平的定义）。城市扩张是指城市边缘建设新的密集街区或现有的郊区密集化发展。城市致密化是指城市初始边界内部的人口逐渐增长。

城市人口和区域面积增长的来源构成（1975～2015年）　　表1.1

	城镇发展为城市	城市扩张	城市致密化	合计
人口变化（%）				
1975～1990年	23.9	26.4	49.7	100
1990～2000年	18.3	29.3	52.4	100
2000～2015年	15.5	24.8	59.7	100

续表

	城镇发展为城市	城市扩张	城市致密化	合计
区域变化（%）				
1975～1990年	30.5	69.5	0	100
1990～2000年	22.8	77.2	0	100
2000～2015年	22.6	77.4	0	100

资料来源：根据Florczyk，A. 等人的数据，欧盟委员会和经合组织计算（2019[1]），*GHSL数据包2019（数据库）*，http://dx.doi.org/10.2760/06297。

5000个城镇发展为城市

1975～1990年间，城市人口的增长中，有25%源于城镇（见附件1.A的解释）发展为城市。[1]随着时间的推移，全球总人口增长放缓，这一增长因子的影响力相对减弱。2000～2015年间，其只占到16%。就区域变化而言，新兴城市的出现，是城市土地扩张的原因之一，影响占比约25%。

城镇发展为城市，对城市数量的影响，超过了其对城市人口的影响。1975～2015年间，城市数量约从5000个增长到10000个（图1.4）。城市数量的增速与一国的收入水平相关。1975～2015年间，低收入国家的城市数量增长了2倍，而中等收入国家增长了1倍，高收入国家增长了50%（表1.2）。截止到2015年，自1975年后新增的5000个城市，已拥有5亿人口。

城市扩张对城市人口增长的影响约占25%（表1.1），但其对城市土地扩张的影响约占到67%。这一影响比例之大，某种程度上是因为城市致密化并不会转换土地类别。城市扩张意味着，需投资建设新的基础设施，并提供公共服务。快速的城市扩张尤其给低收入国家带来了挑战，要求国家短时间内投资大量资金，为不断增长的城市提供同等质量的服务。

图1.4　按形成时期分类的城市

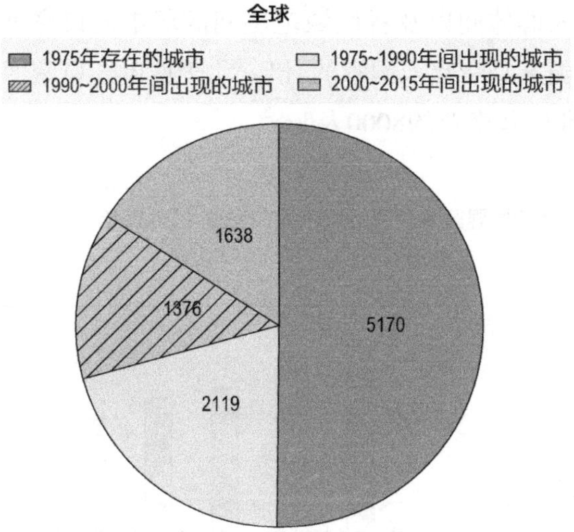

资料来源：根据城市中心数据库GHS-UCDB R2019A，欧盟委员会计算，Florczyk，A. 等人（2019 [1]），*GHSL Data Package 2019*（*数据库*），http://dx.doi.org/10.2760/06297。

按国家收入水平分类的城市数量（1975～2015年）　　表1.2

收入水平	城市数量（个）				
	1975年	1990年	2000年	2015年	2015年/1975年
低收入	326	518	703	942	2.9
中等偏下收入	2025	2981	3577	4266	2.1
中等偏上收入	1908	2740	3201	3704	1.9
高收入	911	1050	1184	1391	1.5
全球	**5170**	**7289**	**8665**	**10303**	**2.0**

注：2015年/1975年一列显示了两个时间段城市数量的比值。
资料来源：根据城市中心数据库GHS-UCDB R2019A，欧盟委员会计算（Florczyk等人，2019 [4]）。

城市致密化是城市人口增长的主要来源

城市致密化对全球城市人口增长的影响已占到50%～60%（表1.1）。城市致密化是指城市初始边界内部人口密度的增加，其无需增加额外的土地。然而，仍需更多的投资，以提供城市人口更多的住房、工作空间以及服务。

全球范围内，城市扩张和城市致密化共同导致了城市平均人口密度的增加。然而，各收入群体间以及各区域范围间的城市人口密度仍存在较大差异（图1.5）。低收入国家是高收入国家的4倍。北美城市人口密度不足2000人/km^2，而撒哈拉以南非洲以及南亚约8000人/km^2。

图1.5　按国家收入类别和世界区域分列的城市人口密度（2015年）

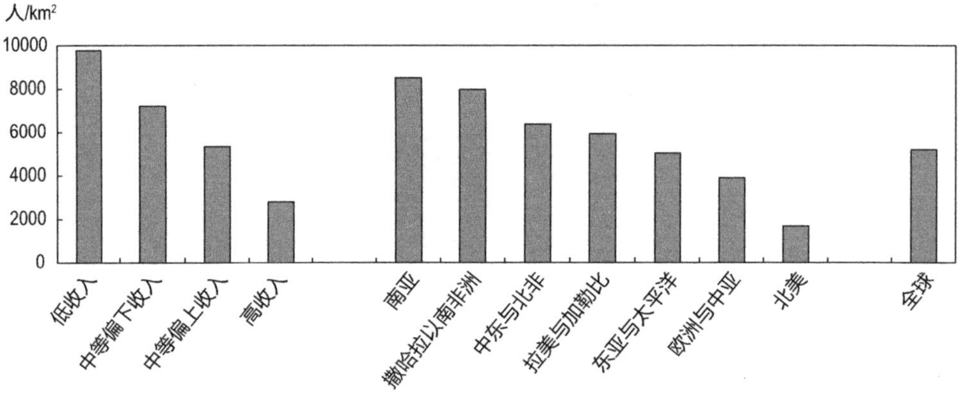

资料来源：根据城市中心数据库GHS-UCDB R2019A，欧盟委员会计算，Florczyk，A. 等人（2019 [1]），*GHSL Data Package 2019（数据库）*，http://dx.doi.org/10.2760/06297。

城市功能区或大都市区

一些国家的统计部门用“大都市区”这一概念作为城镇和农村地区的补充。大都市区既包含城市本身，也包含城市周边与其经济、社会高度融合的社区。这些邻近社区同时也是一条通勤带，每天都有人群往返。大都市区描述了城市完整的经济功能，故又称“功能区”。大都市区概念的界定，有助于进一步为交通、经济发展以及规划等领域的决策提供支持。

本书使用同一概念（见专栏1.3）来描述世界各国的大都市区。大都市区以城市化水平为基础，包括城市（按城市化水平的定义）及其周围地区，并实现劳动力市场的互连（即通勤区）。与城市化水平不同的是，城市功能区（FUAs）并不覆盖一国的领土全域，而是侧重于城市及其经济辐射区域。

专栏1.3 全球大都市区（城市功能区）的界定

书中提及的“大都市区”，和欧盟、经合组织提出的网格化的城市功能区（FUAs）的概念相接近（Dijkstra，Poelman和Veneri，2019[5]）。根据这一定义，城市功能区由一组地方行政单元组成。这些行政单元可能是城市的一部分，也可能是城市的通勤区。通勤区至少有15%的劳动力通勤至城市工作。

由于较难获取多数国家的通勤和地方行政边界划分数据，本书使用全球网格数据，对大都市区进行划定和测算，并在全球范围内选取了约9000个人口超过50000的城市功能区（FUAs）（Moreno-Monroy，Schiavina和Veneri，2020[6]）。具体详见附件1.B。

基于行政区划界定的城市人口，并不包含那些工作在城市、居住在周边通勤区的人群。这一问题在高收入国家表现得尤为突出，因为其通勤现象相当普遍。为充分反映劳动力市场水平，将城市本身及其周边通勤区，统称为城市功能区（FUAs）。这一定义也体现了一个城市的经济功能。通勤区域也可适用其他一些功能范畴，如教育、医疗和交通。实践中，城市功能区通常被延伸为“大都市区”。

一些国家对城镇和农村地区有单独的界定，对大都市区则有其他的界定。本书同样采用了两种方法和两种定义，一种是关注城乡连续体-城市化水平，另一种则关注大都市区，即城市功能区（FUAs）。两种定义方法是相关联的，因为它们都基于同一个城市的概念（见图1.6）。

图1.6 图解城市化水平和城市功能区

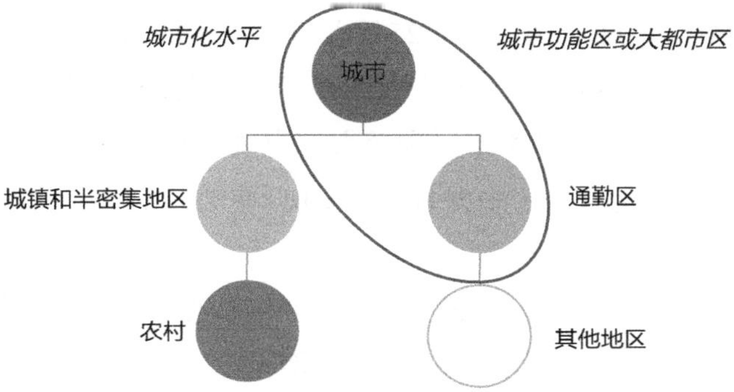

资料来源：欧盟委员会和经合组织制图，2020年；Dijkstra，L.，H. Poelman和P.Veneri（2019[5]）“欧盟—经合组织对城市功能区的界定”，https://doi.org/10.1787/d58cb34d-en”，（2019年10月21日访问）；Moreno-Monroy，A.，M. Schiavina和P. Veneri（2020[6]），“全球大都市区与人口趋势”，http://dx.doi.org/10.1016/j.jue.2020.103242。

在富裕国家，更多的人生活在大都市区，尤其是通勤区

与经济发展有关，人口主要集中在大都市区。高收入国家大都市区的人口比例达71%，是低收入国家的两倍多（图1.7）。通勤区的人口比例差异更大：高收入国家达21%，而低收入国家仅为1%。中等收入国家的比例居中，约50%的人口生活在大都市区，5%～10%的人口生活在通勤区。

图1.7　按世界银行收入类别分列的全球城市和通勤区人口（2015年）

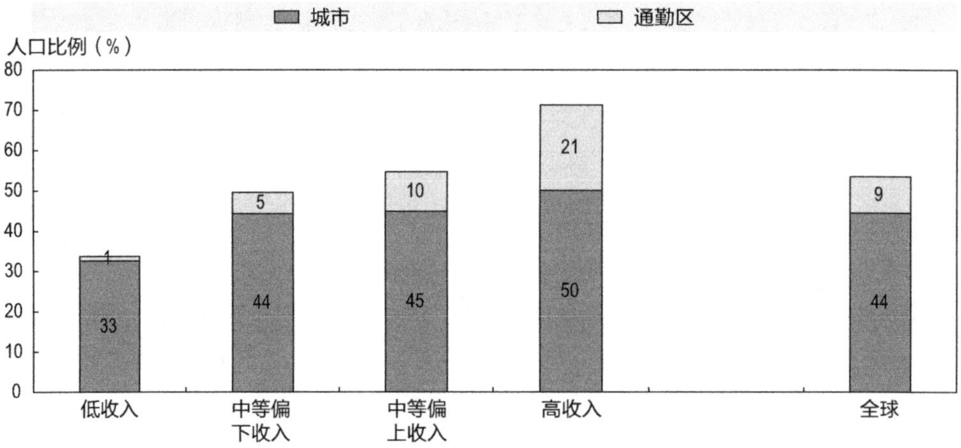

资料来源：根据GHSL数据包2019，欧盟委员会计算，Florczyk，A.等人（2019[1]），*GHSL Data Package 2019*（*数据库*），http://dx.doi.org/10.2760/06297以及Moreno-Monroy，A.，M. Schiavina和P.Veneri（2020[6]），"全球大都市区与人口趋势"，http://dx.doi.org/10.1016/j.jue.2020.103242。

在富裕国家，更多的人生活在大都市区

低收入国家生活在小都市区（25万人口以下）的人口比例较高，生活在超大都市区（500万人口以上）的人口比例较低（图1.8）。与此相反，高收入国家的人口大部分集中在大都市区和超大都市区，小都市区的人口占比较低。两类中等收入的国家则处于中间地位，即四种规模的都市区人口比例大致相同。

在中等收入和高收入国家，25万～500万人口规模的都市通勤区人口比例，比500万人口规模以上的都市通勤区人口比例更高。一般来说，人们会期望更大的城市有更大的通勤区。然而，生活在500多万人口的超大城市中，通勤也会更耗时，以至于人们不太愿意住在通勤区。

图1.8　按人口规模和收入类别分列的大都市区人口（2015年）

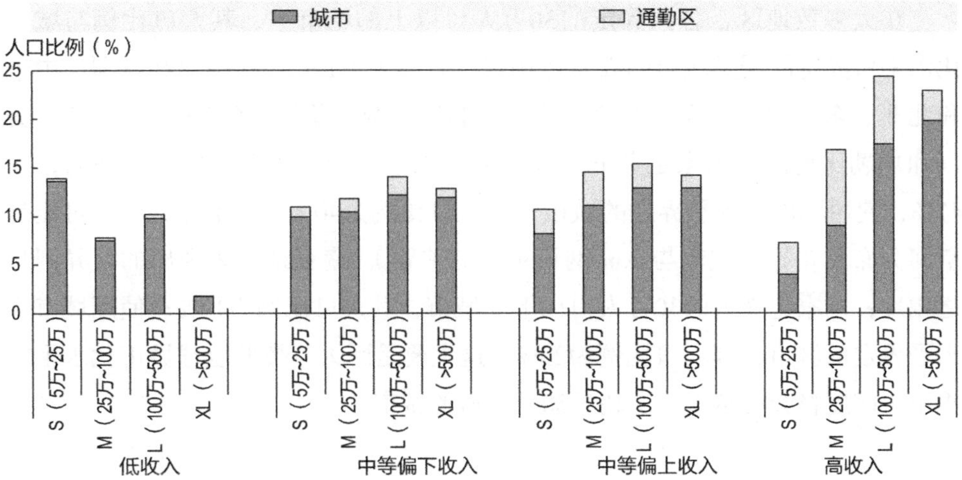

资料来源：根据GHSL数据包2019，欧盟委员会计算，Florczyk，A. 等人（2019 [1]），*GHSL Data Package 2019*（*数据库*），http://dx.doi.org/10.2760/06297以及Moreno-Monroy，A.，M. Schiavina和P.Veneri（2020 [6]），"全球大都市区与人口趋势"，http://dx.doi.org/10.1016/j.jue.2020.103242。

国家定义和两个全球性定义的比较

全球人口分布广泛，城乡连续体的范围也从几百人的村庄到1000万人口以上的特大城市不等。在这一连续体内，不同的国家使用不同的阈值来区分城市和农村。这些阈值从丹麦的200人到中国的10万人不等。各国阈值的差异之大降低了相关定义的国际可比性，也使得基于这些定义的全球城市化分析缺少统一的依据。

本书提出的两个全球性定义旨在补充国家定义，而非取代它们。国家定义的好处，是可以根据一国的具体情况和政策需要加以调整，可以分析考虑比全球水平更广泛深入的数据。然而，国家定义很难轻易适用于另一个国家，这也正是为什么需要一个全球性定义来进行国际对比。

国家和全球倾向于在大城市的定义上达成一致

在30万人口以上的城市分类上，全球城市化水平和国家定义基本达成一致。根据联合国《世界城市化前景报告》，2015年，1772个国家界定的"城市"定义，认为城市至少应有30万人口。这些城市中有1662个，或者说95%的城市，与城市化水平所定义的城市相匹配。

在大多数地区，各国界定的30万人口以上的城市中，其人口比例与城市化水平所界定的同类城市的人口比例基本相当（图1.9）。在中亚和欧洲、中东和北非、东亚和太平洋以及撒哈拉以南非洲，两者差异不到5%。而在拉丁美洲和加勒比地区，国家定义下的30万人口以上的城市，其人口比例略高，为47%；使用城市化水平界定的城市，其人口比例为40%。其中部分原因可能是空间分布的差异（城市与1km^{2}网格单元的差异）。南亚地区表现出的差异则与之相反：国家定义下的30万人口以上的城市，其人口比例为19%；使用城市化水平界定的城市，其人口比例为29%。这主要是因为，按照全球城市化水平的界定，印度将会有越来越多超过30万人口的城市。

图1.9　30万人口以上的城市人口比例（2015年）

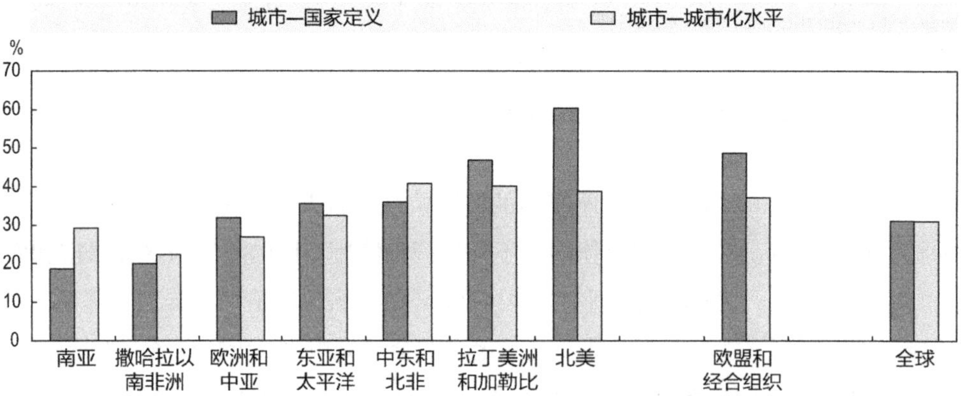

资料来源：根据GHSL数据包2019，欧盟委员会计算，Florczyk，A. 等人（2019[1]），*GHSL Data Package 2019*（*数据库*），http://dx.doi.org/10.2760/06297以及联合国，世界城市化前景报告。

在北美地区，两种定义表现出的差异最大。根据国家定义，有60%的人口生活在30万人口以上的城市，而根据城市化水平，则只有39%。这一差异主要是因为使用了不同的空间概念。加拿大和美国研究了城市群（城市及其邻近郊区）的人口情况。考虑到大都市区，即城市及其通勤区，这一结果也就变得更具可比性。30万人口以上的大都市区的人口比例为65%，和国家定义的城市群60%的比例基本接近。通常，大都市区的概念涵盖了城市邻近的郊区，如果通勤流量足够高，也可能覆盖一些农村地区。

不同国家对城镇分类的界定存有分歧

标准二分法仅将地域分为城市或农村，不能反映城乡连续体（城市与农村的过渡地区）的特征。因此，不足为奇的是，各国在城乡连续体（城市与农村的过渡地区）的边界界定问题上存有分歧。依据城市化水平来判定，比简单的二分法更微妙，其确定了一个中间类别：城镇和半密集地区。在第2章和第5章中，本书的调查结果将表明，城镇和半密集地区具有其独有的特征，值得单独分类。有趣的是，世界各地区对这些住区的分类各不相同。在美洲和欧洲，大多数城镇被归类为城市；而在非洲和亚洲，大多数城镇被归类为农村（见图1.10）。因此，在美洲、欧洲和中亚地区，依据国家定义界定的农村人口比例，与依据城市化水平界定的农村人口比例十分相似。而在其他地区，依据国家定义界定的农村人口比例，更接近农村以及城镇和半密集地区的比例之和。

图1.10 按城市化水平和国家（世界银行分区）界定的城市而分列的人口（2015年）

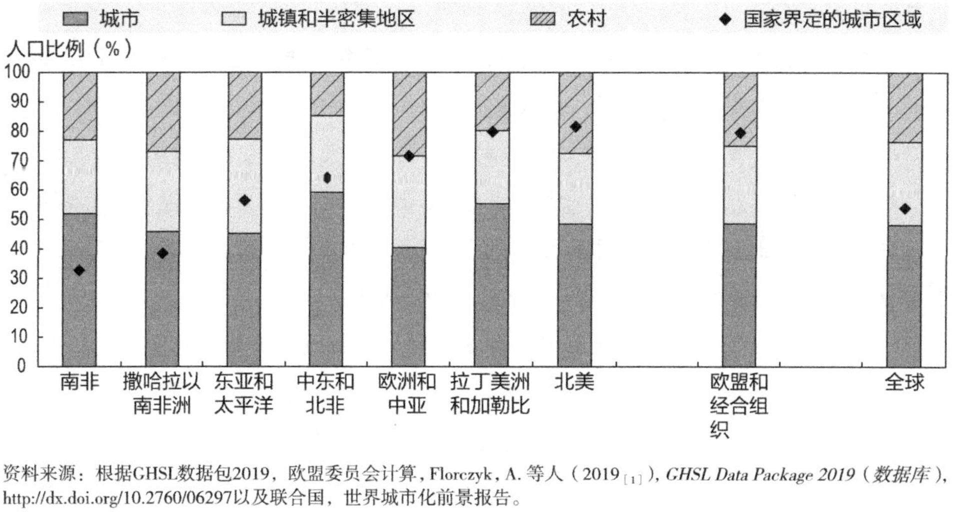

资料来源：根据GHSL数据包2019，欧盟委员会计算，Florczyk，A. 等人（2019[1]），*GHSL Data Package 2019*（*数据库*），http://dx.doi.org/10.2760/06297以及联合国，世界城市化前景报告。

专栏1.4　了解各国对农村和城市的界定

如将城镇归类为城市，则国家定义中通常运用的最小人口阈值，与城市化水平基本一致。在设有这一阈值的103个国家中，有85个国家将其定为200~5000人。在这些国家，城镇通常被归类为城市。然而，有些国家将最小人口阈值与其他标准结合起来，可能导致一些城镇被归类为农村。例如，一些国家的定义中，会将城市地区从事农业的最大男性比例考虑进去，如果一个城镇的人口超过了最小阈值，但其有很大比例的人口从事农业，它将仍被归类为农村。此外，一些国家使用较高的最小人口阈值，进而将住区归类为城市，这就会偏离城市化水平的判定。例如，日本界定人口阈值为5万人，中国则为10万人，意味着城镇将被归类为农村，且只有大型住区才会将被归类为城市。

行政区域划分是各国间存在差异的另一个原因。全球一半以上的城市和农村（国家界定）依赖于这种行政划分，也就是说，有些地区只是被简单地宣称为城市或农村。行政划分可以在一国内作出准确分类，但难以在另一国家复制。它们往往是长期制度或政治历史的结果，并没有一套明确的标准来区分城市和农村。依据这些国家对城市和农村的界定，并不能判别城镇是否会被归类为城市。

将12个国家城镇和农村的定义与城市化水平的定义进行比较（图1.11），得到了进一步的发现。图中表明，按城市化水平划分的城市，通常在国家定义中被归类为城镇；而按城市化水平划分的农村，在国家定义中也几乎全被归类为农村。当然，也确实存在一些差异，一些农村人口，按照各自国家定义，被划分为城镇人口。其中，部分原因是不同国家使用了不同的人口阈值。例如，美国将2500人定为城镇最小人口阈值，法国和葡萄牙则定为2000人。

然而，最大的差异体现在国家间对城镇和半密集地区的界定。巴西、法国、葡萄牙和美国将90%以上的城镇和半密集地区人口归为城镇人口。相比之下，印度、摩洛哥、乌干达和越南则将80%以上的城镇和半密集地区人口归为农村人口（图1.11）。

图1.11 12个国家按城市化水平的定义与按城镇和农村的定义分列的人口

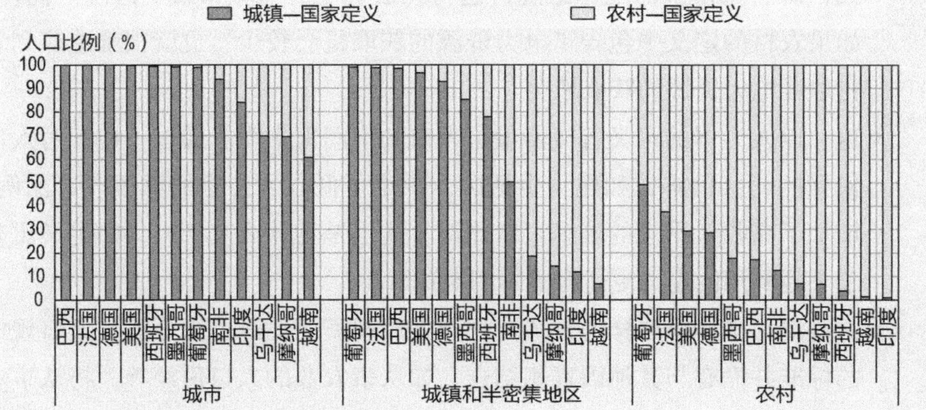

资料来源：根据国家统计局数据和GHSL数据包2019，欧盟委员会计算，Florczyk，A. 等人（2019[1]），*GHSL Data Package 2019*（*数据库*），http://dx.doi.org/10.2760/06297。

新定义的优点

本书提出的两个新的全球定义有四个主要优势：（1）以人口网格为依据，而非行政边界；（2）目的是跟踪服务获取情况，实现经济的集聚效应；（3）直接衡量人口的空间聚集度；（4）以同样的方式对相同规模的住区进行划分。

- 最大的创新在于，这两个定义都是基于人口网格，每个网格单元具有相同的大小和形状（1km × 1km）。以往那种使用大小和形状不同的行政单元或统计单元，地理学家称之为可塑性面积单元问题或MAUP。两种定义克服了传统的弊端。例如，在含有大量分散人口的行政单位中，使用最小人口阈值，将一些面积较大的农村地区划为城镇。在一些低密度的行政单位中，结合人口阈值，将一些面积较大的城市划为农村。
- 明确这些定义是为了更好地跟踪社会服务，改善基础设施。可持续发展目标包括公共交通、电力、移动通信、饮用水安全、垃圾处理、全天候道路、医疗健康或金融服务等获取的便捷性。提供这类服务和基础设施的成本支出，很大程度上取决于附近居住的人口数量。集聚经济的概念，构成了这些以人为本的定义的基础。这也解释了为什么上述服务没有被列入定义中。如果城市的定义中包含了医院的存在，那么根据定义，所有城市都需配套医院，这将无法确定哪些城市缺少医院。同样，如果农村的定义中包含了电力资源的获取机会较少，也就很难追踪到农村地区电力资源的获取情况。

- 这一以人为本的定义直接衡量了人口的空间聚集度。通过一些针对人口集聚的间接措施，如建立生活区，减小了低收入国家的城镇人口比例，增加了高收入国家的城镇人口比例。这也是为什么基于人口的定义比基于土地利用的定义更适合国际间对比。
- 这些定义基本以同样的方式对相同人口规模的住区进行分类。人口规模的标准并没有与其他因素相结合，如从事农业的人口份额等。将从事农业的人口份额包含在内，意味着同样规模大小的住区将不再是一贯的分类，因为农业相关的就业机会更多是在农村或者少量的城镇地区。由于高收入国家从事农业的人口份额更小，若将其包含在内，会使得高收入国家的城市化水平更高，更不利于国际间对比。

参考文献

Dijkstra, L., H. Poelman and P. Veneri (2019), "The EU-OECD definition of a functional urban area", *OECD Regional Development Working Papers*, No. 2019/11, OECD Publishing, Paris, https://doi.org/10.1787/d58cb34d-en (accessed on 21 October 2019). [5]

Ehrlich, D. et al. (2018), "Remote sensing derived built-up area and population density to quantify global exposure to five natural hazards over time", *Remote Sensing*, Vol. 10/9, p. 1378, https://doi.org/10.3390/rs10091378. [11]

Florczyk, A. et al. (2019), *GHSL Data Package 2019 (database)*, http://dx.doi.org/10.2760/062975. [1]

Florczyk, A. et al. (2019), *GHS Urban Centre Database 2015, Multitemporal and Multidimensional Attributes, R2019A (dataset)*, Joint Research Centre (JRC), European Commission, https://data.jrc.ec.europa.eu/dataset/53473144-b88c-44bc-b4a3-4583ed1f547e. [4]

Freire, S. et al. (2018), "Enhanced data and methods for improving open and free global population grids: Putting 'leaving no one behind' into practice.", *International Journal of Digital Earth*, https://doi.org/10.1080/17538947.2018.1548656. [7]

Jones, B. et al. (forthcoming), *Projecting Global Population Grids to 2100*, Publications Office of the European Union. [2]

Melchiorri, M. et al. (2019), “Principles and applications of the global human settlement layer as baseline for the land use efficiency indicator - SDG 11.3.1”, *International Journal of Geo-Information*, Vol. 8/2, https://doi.org/10.3390/ijgi8020096. [10]

Moreno-Monroy, A., M. Schiavina and P. Veneri (2020), “Metropolitan areas in the world. Delineation and population trends”, *Journal of Urban Economics*, http://dx.doi.org/10.1016/j.jue.2020.103242. [6]

Pesaresi, M. et al. (2016), *Operating Procedure for the Production of the Global Human Settlement Layer from Landsat Data of the Epochs 1975, 1990, 2000, and 2014*, EU Scientific and Technical Research Reports, http://dx.doi.org/10.2788/253582. [9]

Pesaresi, M. et al. (2013), “A global human settlement layer from optical HR/VHR RS data: Concept and first results”, *IEEE Journal of Selected Topics in Applied Earth Observations and Remote Sensing*, Vol. 6/5, pp. 2102-2131, http://dx.doi.org/10.1109/JSTARS.2013.2271445. [8]

UN (2018), *World Urbanization Prospects*, United Nations, https://population.un.org/wup/Publications/Files/WUP2018-Report.pdf. [3]

注释

1 新城市几乎完全由城市化水平所界定的城镇组成。详见附件1.A。

附件1.A　城市化水平

城市化水平的详细描述

城市化水平旨在创造一种简单和中立的方法，以更好地应用于全球各国。其以1km^2为一个人口网格单元，主要计算人口规模和密度阈值。

三类网格单元如下。

1．**城市**由若干个相邻的网格单元组成，每个单元的人口密度不小于1500人/km^2，或已建地块不少于50%。城市人口总规模不少于50000人。网格群之间无间隙，且边缘平滑。

2．**城镇和半密集地区**由若干个相邻的网格单元组成，每个单元的人口密度不小于300人/km^2，且已建地块不少于3%。一旦达到最小人口阈值，这一网格群内的城市单元格就被剔除在外。

3．**农村**是上述两类网格之外的地区。这类区域人口密度大多低于300人/km^2。

联合国统计委员会认可的城市化水平，首先对网格单元进行一级划分，再对局部空间单元进行二次划分。由于地方行政边界或统计单位边界并不能完全获取，故本书只使用了网格单元分类。为便于阅读，采用了地方术语。例如，我们在书中提及的是城市，而非城市中心。

书中使用的人口网格，已在全球人类住区人口网格GHS-POP标准上有所修正：一个网格单元至少建成度要达到3%，才能被认为是城镇和半密集地区的一部分。全球人类住区人口网格GHS-POP可能高估了人口的空间聚集度，因为有些国家的空间聚集度并不高或有很大一部分尚未建设。3%的规定不是定义的一部分，不适用于其他人口网格。

如何区别城镇和村庄

城镇和村庄可以为周边地区提供教育、医疗和购物等服务。为了进一步分析，对城市化水平进行细分类，具体如下：

- 城镇和半密集地区分为三类：
  - **半密集城镇**由若干个相邻的网格单元组成，每个单元的人口密度不小于1500人/km^2。人口总规模在5000～50000人之间。
  - **半密集城镇**由若干个相邻的网格单元组成，每个单元的人口密度不小于300人/km^2。人口总规模在5000人以上，且与密集城镇或城市不毗连，或至少在2km以外。
  - **郊区或近郊区**由城镇和半密集地区剩余的网格单元组成，这些网格单元或与密集城镇或城市毗连，或在其2km范围内。
- 农村地区也可分为三类：
  - **村庄**由若干个相邻的网格单元组成，每个单元的人口密度不小于300人/km^2。人口总规模在500～5000人之间。
  - **分散的农村地区**由农村单元网格组成，每个单元的人口密度在50～300人/km^{2}之间。
  - **近乎无人居住区**由农村单元网格组成，每个单元的人口密度不超过50人/km^2。

本书使用的是地方单元术语，而非网格级术语。

一国的收入水平对其人口分布有重大影响（附图1.A.1）。在低收入国家，城市人口比例相对较低，而城镇和村庄的人口比例较高。在高收入国家，郊区的人口比例则更高，其生活在城镇和村庄的人口比例低于其他收入类别的国家。

附图1.A.1 按城市化水平分布的人口比例与国家收入的关系（2015年）
按收入水平分类的国家

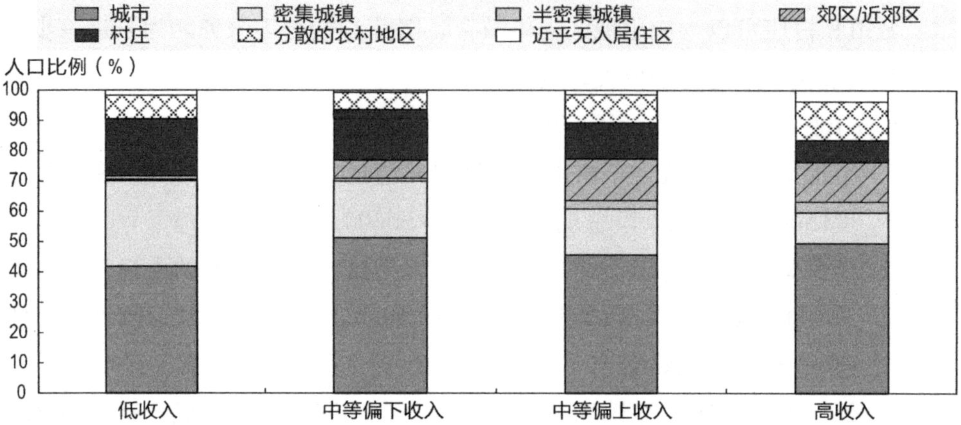

资料来源：Florczyk，A. 等人.（2019[1]），GHSL数据包2019（数据库），http://dx.doi.org/10.2760/06297。

附件1.B 城市功能区

划定全球大都市区（城市功能区，FUAs）

本书中提及的“大都市区”，和欧盟、经合组织提出的网格化的城市功能区（FUAs）的概念相接近（Dijkstra，Poelman和Veneri，2019[5]）。根据这一定义，城市功能区由一组地方行政单元组成。这些行政单元可能是城市的一部分，也可能是城市的通勤区。通勤区至少有15%的劳动力通勤至城市工作。

由于较难获取多数国家的通勤和地方行政边界划分数据，本书使用全球网格数据，对大都市区分两步进行划定和测算（Moreno-Monroy，Schiavina和Veneri，2020[6]）：

- **城市**（或城市中心）的划定。与城市化水平的定义相一致，城市是人口稠密的单元网格，人口密度不小于1500人/km^2，人口总规模不少于50000人。此处借用了GHSL人口网格的定义。
- **通勤区**。借助逻辑回归模型的概率方法来定义，并使用了经合组织国家真实的FUAs边界进行优化。

逻辑模型选用了经合组织国家约50万km^2的单元网格，每一单元网格的人口数量不小于300人。判断网格单元是否属于通勤区的标准为：（1）该网格到距离最近的城市中心的交通用时；（2）城市中心的规模；（3）网格的人口规模；（4）人均GDP（国内生产总值）。选取逻辑模型参数，计算区域范围内约250万个网格单元的估计概率，然后将其与全球范围计算的最优合理阈值进行对比，进一步判定哪些网格属于功能城市区，哪些不属于。

该方法在全球范围内选取了约9000个人口超过50000人的城市功能区（Moreno-Monroy，Schiavina和Veneri，2020[6]）。经验证，只有城市可发展形成大都市区。大都市区中的城市人口比例（44%）略低于依照城市化水平划分的城市总人口比例（48%）。

附件1.C　全球人类住区人口网格（GHS-POP）

全球人类住区人口网格（GHS-POP）测算了1975年、1990年、2000年和2015年全球范围内每一网格单元（250m×250m）的人口体量。它根据CIESIN（美国哥伦比亚大学）提供的最小普查单位的居住人口估计数进行分配，并参照全球人类住区数据集（GHSL）项目绘制的同年的建成区域（Freire等人，2018[7]），在每个人口普查单位内，分配的数值与建成区的体量成正比。如果一个单元网格占人口普查单位内总建成面积的2%，则将分配其2%的总人口。

全球人类住区数据集（GHSL）项目，利用1975年、1990年、2000年和2014年的遥感卫星图像绘制了建成区（Pesaresi等人，2013[8]；2016[9]）。GHSL方法实现构建的前提是，建筑物及其聚集（即住区）是地球表面人类存在的主要且直接的表现方式。

2016年第一次公开发布时，GHS-POP是全球精度最高的人口时间数列（跨越40年），至今仍然是唯一详细的网格数据。GHS-POP根据世界摩尔威德投影参数编制，便于计算人口密度。它也是唯一选用特定时间和统一参照（建成区）的全球分层数据集。在其最新的版本（R2019）中，对那些无人居住的区域做了进一步的修正，并对沿海地区的人口比例进一步修改完善（Freire等人，2018[7]）。这些网格单元可在网上批量下载，也可在摩尔威德投影（WGS84）参数网站（https://ghsl.jrc.ec.europa.eu/ghs_pop2019.php.）上免费下载。

GHS-POP是一种地理空间产品集成，旨在以可重复、可持续的数据生产为基础，构建内容详细且一致的人口分布时间序列（Melchiorri等人，2019[10]），可用于多个领域的政策支持分析，如风险预测等（Ehrlich等人，2018[11]）。通过使用参照统一、开放自由的数据源，运用清晰透明的方法，创建生成单元网格。

附件1.D　全球人口预测

本书的预测依托两种模型，一种能对人口进行明确的空间预测，另一种则是结合建成区的空间投影。两种模型相互独立，又相互关联。两种模型都需要对人口和建成区土地利用变化（国家层级）进行整体预测，然后将其按比例缩小，得到空间上明确的网格化效果。2020～2100年期间，这些模型每隔10年就会模拟更新1km^{2}的人口和建成区网格。基准年数据为2015年GHS-POP的分布数据（Florczyk等人，2019[1]）和2014年的GHSL层数据（建成区）。

该模型是一种基于垂直维度的空间分配方法（降维法），适用于任一国家单独1km^{2}的网格单元。将每个定点的相对垂直维度，建模为人口、建筑环境特征以及集聚效应的函数。其中，集聚效应或邻里效应是指，在50km网格内，通过指数衰减函数计算出的潜在可预期人口。过往研究已证实，集聚效应与一个地区吸引人口的各种社会经济因素有关（例如：就业机会、社会机会等）。

2020～2100年的国家人口总数，取自IIASA为“共享社会经济路径2（SSP2）”编制的人口预测数据（截至2100年），以及联合国2019年发布的《世界人口展望》。基于1990～2015年人口变化与国家建成区变化间的历史关系，结合总人口变化，估算了2020～2100年间建成区的变化。在预测总人口减少的情形下，即使某一特定时期一国人口有所减少，也会分析同一地区人口变化与国家建成区变化间的关系。通过采用全球人类住区人口网格（GHS-POP）和全球人类住区建成区网格（GHS-BUILT），对1990年、2000年和2015年的模型数据进行校准。在所选用的20个分区中，对于有较好历史数据的国家，估算1个或多个国家的参数。而对于历史数据不足的国家，则估算其区域参数。

2 生活在城市、城镇和半密集地区，以及农村地区

本章介绍了世界各地城市、城镇和半密集地区以及农村地区的生活质量。它通过调查主观看法和客观结果，验证城市和其他地区生活质量的不同方面。首先，本章研究了生活满意度的地理差异。其次，针对城市、城镇和半密集地区以及农村等不同地区，分析了影响生活满意度和生活质量的主要因素。具体而言，包括收入和就业机会、教育水平、医疗卫生、获取的公共服务和公用设施，以及犯罪和暴力等。

生活质量的城乡差异

城乡居民生活质量的差异一直是许多经济研究的主题。一般来说，城镇人口的生活质量似乎高于农村人口，尤其是在发展中国家（Gollin，Lagakos和Waugh，2013 [1]；Chauvin等人，2017 [2]；Gollin，Kirchberger和Lagakos，2019 [3]）。经济学家长期以来一直认为，富裕国家城市人口的人均收入更高，反映了集聚经济的生产效益。最近的研究表明，就收入（Combes, Démurger和Wang, 2019 [4]；Henderson, Kriticos和Nigmatulina，2019 [5]）和贫困率（Ferre，Ferreira和Lanjouw，2012 [6]）而言，发展中国家也存在这种差异。同样地，集聚经济带来的更多样化的消费机会，似乎也能提高当地居民的幸福度（Tabuchi和Yoshida，2000 [7]）。

一国内部生活质量的差异本身具有高度相关性，且对于研究一国人口流动（从农村流向城市等人口高密度地区）的驱动因素也至关重要。因此，分析这些差异有助于揭示全球的城市化。且对发展中国家或中等收入国家尤为重要，因为这些国家在设施、服务、实际收入、经济机会等方面的内部空间差异往往很大（Henderson，Kriticos和Nigmatulina，2019 [5]）。

然而，许多因素使量化城乡生活质量差异变得复杂，况且定义与测量城镇住宅也是种挑战（Dorelien，Balk和Todd，2013 [8]；Balk等人，2004 [9]；Gollin，Kirchberger和Lagakos，2019 [3]），这些差异的大小增加了相当大的不确定性。多项社会经济调查结果表明，城镇住宅多是基于城乡二元管理定义，各国之间差异较大，不利于跨国对比。

本章使用城市化水平的定义，观点新颖、获全球认可揭示了生活质量的地理差异（Florczyk等人，（2019 [10]），第1章把国家领土划分为三类，城市（或人口稠密地区）、城镇和半密集地区（或人口中等密度地区）和农村（或人口稀少地区）。通过使用这个统一的定义，本章减少了不同维度的城镇定义产生的结果偏差（Corker，2017 [11]；Ferre，Ferreira和Lanjouw，2012 [6]）。例如，一些国家会利用一些主观或临时的标准来界定城镇，如自然聚居地、中心地区或基础设施等。相反，在人口规模和人口密度方面，城市化水平会使用全球相同的标准，来判定一地区是城市、城镇和半密集地区还是农村。

下文介绍了不同类型人类住区的生活质量差异。首先分析了世界各地不同的城市化水平对生活满意度和幸福感的影响因素。然后，比较了不同城市化水平对人们生活质量的主要影响。具体来讲，它探讨了城市化水平的差异：（1）收入和就业机会；（2）教育水平；（3）医疗卫生；（4）获取的公共服务、公用设施和技术；（5）遭受的暴力和犯罪等。

城市化水平与生活满意度

过去十年里，经济学家和决策者们围绕平衡社会福利与社会进步展开了激烈讨论。这种公开讨论，逐渐使得国内生产总值（GDP）不再是衡量社会发展的唯一标准。取而代之的是，经合组织的“如何生活”等项目倡议的多元化指标，即多维度评价人民生活，既包括物质指标，如收入、工作和住房等，也关注考虑生活质量（经合组织，2017[12]）。即使是在同一国家，不同地区或城市之间，影响人民生活水平的直接或间接因素差异很大，这也表明了研究地区一级的人民生活水平和满意度的重要性（经合组织，2014[13]）。在评估地区一级的生活水平差异时，对生活满意度的自我认知以及具有针对性的措施是重要的补充指标，因为这些可能反映出客观指标没有揭示的特定生活领域的地理差异。

城市人口的生活满意度和生活水平最高

在全球111个国家的调查中，人们对城市、城镇和半密集地区以及农村的生活满意度表现出较大的差异。[1]城市人口的生活满意度平均为18.6%，而农村人口为16.5%，两者间的差异具有统计学意义。[2]城镇和半密集地区人口的生活满意度（17%）低于城市，但高于农村。在一有限样本（13个经合组织国家）中，城市人口（28.7%对其生活满意）与农村人口（24.4%对其生活满意）之间的生活满意度相差超过4%。[3]城乡生活满意度的这一差距并不局限于任何特定地区。除东亚和太平洋地区（以及北美，仅以美国为代表）以外，似乎各地区的城市人口比农村人口更满意其生活条件。

在大多数地区，女性表现出的生活满意度高于男性。除了高收入的经合组织国家，无论是其他何种收入类别还是何种城市化水平，女性生活满意度的比例均超过了同层级的男性（图2.1）。性别间的生活满意度差异在中等偏上收入国家以及城镇和半密集地区（TSAs）表现得最为显著。例如，在中等偏下收入国家和中等偏上收入国家，生活在城镇和半密集地区的女性的满意度约比男性高出3%。另外，在选取的经合组织国家中，生活在城市（3%）、城镇和半密集地区（1.8%）的男性的满意度比女性更高，但在农村地区两者基本接近。

图2.1　按城市化水平、收入类别和性别分列的生活满意度

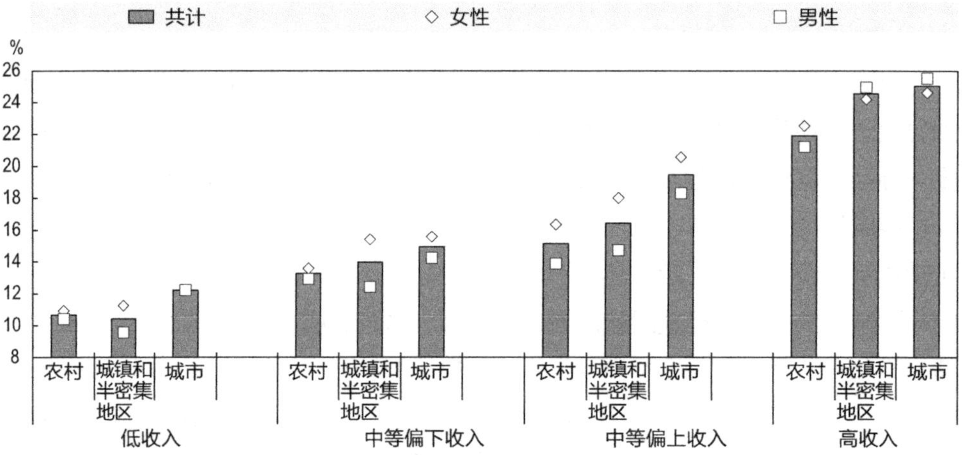

注：收入类别参照世界银行的国家分类。

资料来源：基于Gallup（2017 [14]），*Gallup全球民意调查，2016～2017*，https://www.gallup.com/analytics/232838/world-poll.aspx；欧盟委员会和经合组织制作，2019。

Stat Link https://doi.org/10.1787/888934130246

在一些国家，生活满意度的地理差异可能非常大。其中12个国家，城市生活满意度高于农村2倍多。[4]阿塞拜疆、埃及和冈比亚的差异性最大，其城市生活的满意度几乎是农村的3倍。而另一方面，8个国家的农村生活满意度较城市高出30%。对大多数国家来说，城镇和半密集地区的生活满意度均居于城市和农村之间。

城市人口不仅拥有更高的生活满意度，且对未来有更高的期待。与现状相比，三类城市化水平下的居民似乎都对未来更乐观；其中，城市人口对其5年后的生活最乐观（图2.2）。城市人口对未来5年的生活满意比例为44%，比当前生活满意度高25%。相对来说，城镇和半密集地区、农村地区对未来生活满

意度的增幅分别低于23%和20%。尽管当前和未来的生活满意度是联系在一起的，但也有一些例外，如在保加利亚，城市人口对其当前生活的满意度低于农村人口，但其未来生活的积极程度（30%）高于农村（13%）。

城市和农村之间的幸福差和乐观差，在最贫穷的国家体现得最为突出。在低收入国家，农村地区对生活满意和对未来乐观的人口比例分别比城市地区低4%和8%（分别为16%和20%）（图2.2）。相比之下，在富裕国家，城市与城镇和半密集地区的当前、未来生活满意度基本相似，仅农村地区明显偏低。尽管以人均GDP测算的经济发展水平与生活满意度密切相关，但也并不能充分解释城市与农村间的差异。[5]总的来说，除了北美（美国），其他几乎所有地区三类城市化水平的生活乐观程度变化显著，即城市人口似乎最乐观，其次是城镇和半密集地区的人口，农村人口最低。

图2.2　当前和未来生活满意度的差异

按收入类别和城市化水平分列的生活满意度的预期增长（%）

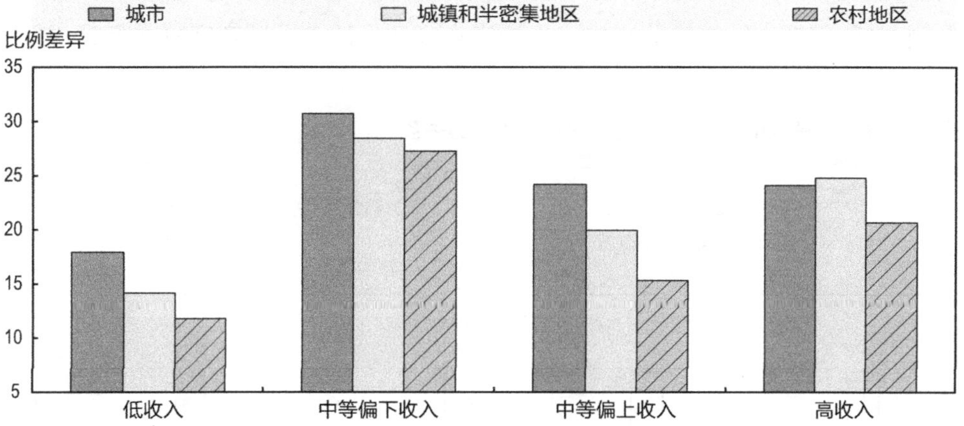

注：该数值显示了按收入类别和城市化水平分列，人们对当前和未来生活满意度的比例差异。有关未来生活满意度的提问，是要求受访者陈述他们对未来5年生活的预期满意度。

资料来源：基于Gallup（2017[14]），*Gallup全球民意调查，2016～2017*，https://www.gallup.com/analytics/232838/world-poll.aspx；经合组织制定，2019。

城市生活质量满意度更高，也可以部分解释城市（特别是大型城市）的增长。城市人口的增长，既有自然增长，也有人口迁移，即人口向城市住区迁移。相较于农村地区，城市的生育率趋于下降。除撒哈拉以南非洲外，世界其他地区的城市生育率趋近于自然更替率（见第4章）。因此，人口迁移是城市人口增长的主要原因，尤其是在发展中国家外围（国际迁移组织，2015[15]）。

当前和预期生活满意度的地理差异，似乎与2000～2015年间各国的城市化模式有关。不论国家的发展水平如何，农村地区未来生活满意度较低，与城市人口的增长显著相关。2000～2015年间，城市人口增长显著的国家，也纷纷显现了城乡预期生活满意度的差距。[6]此外，同一时期，一些国家的城镇和半密集地区生活满意度相对较高，区域人口增长也更快。[7]

生活满意度不仅受城市化水平的影响，而且与大都市区的规模有关。大都市区的规模越大，人们对其生活水平的满意度越高。图2.3显示了不同规模等级的大都市区的生活满意度和生活水平。就生活水平而言，人口规模对其有重要影响：满足于生活水平的人口比例，随着大都市区的规模增加而增加。约58%的人表示对人口不足25万的都市区的生活水平感到满意；而在超过500万人口的大都市区，约74%的人表示满意（图2.3左侧）。当综合考虑到影响生活满意度和大都市区规模的某些特定国家因素时，相关性变得更加明晰（图2.3右侧）。随着都市区规模的增加，生活满意度和生活水平满意度也在上升。[8]

图2.3　生活满意度和生活水平与都市区规模大小的关系

按都市区规模测算的均值与固定效应残差

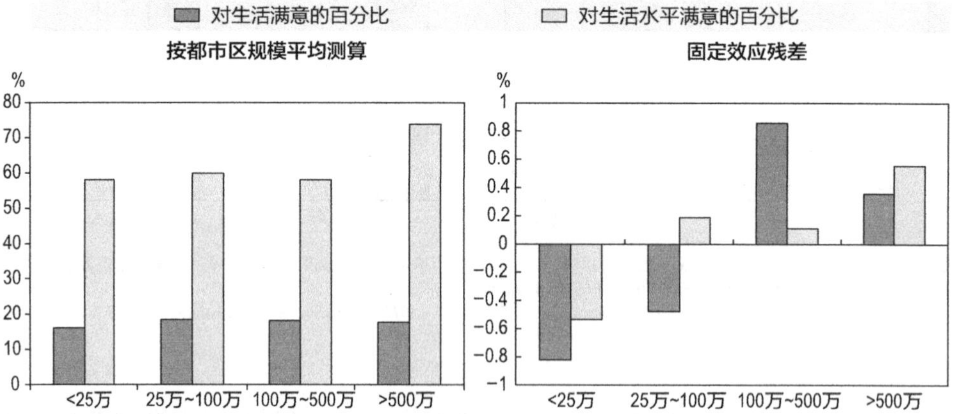

注：左边数值为按都市区规模测算的生活满意度和生活水平满意度均值。右边数值为固定效应残差。其中，生活水平指对生活条件等的满意度。

资料来源：基于Gallup（2017[14]），*Gallup全球民意调查，2016～2017*，https://www.gallup.com/analytics/232838/world-poll.aspx；经合组织制定，2019。

什么导致了生活质量的差异

本章将分析影响居民幸福感的多个因素，进而解释不同城市化水平下生活满意度的差异。目前，相关数据较少，阻碍了对全球不同类型的住区居民生活满意度、福祉措施和自我感知等的评估。本章介绍的两类新数据源有助于填补这一空白，即Gallup全球民意调查、人口与健康调查（DHS）（见专栏2.1）。

专栏2.1　与城市化水平相关的生活质量差异数据

Gallup全球民意调查数据对城市化水平的新分类，为分析世界各地城市和其他地区的福祉差异提供了新的可能。根据被调查者所在地的地理编码信息，该分类汇总统计了来自世界各地不同地区的100多个国家3种城市化水平的有关数据。结合数据的特征，取相对较少的西方高收入国家作为样本的一小部分，[9]样本主体为中等收入国家，最终总样本数为111个国家。[10]

为了更精细地衡量和量化社会经济发展的空间差异，本章还分析了人口与健康调查（DHS）数据中，41个发展中国家与政策高度相关的指标，如获取的公共服务、医疗卫生、教育水平以及接触的犯罪、暴力等。[11,12]DHS提供了关于健康与人口的详细跨国地理信息，但不包括发达国家。主要跨越4个地区：撒哈拉以南非洲、拉丁美洲和加勒比、东南亚以及南亚。[13]

依托这些数据，本章接着从五大方面重点分析了影响生活质量的因素。首先，研究了不同城市化水平的收入、经济机会和就业。其次，分析了教育水平和受教育水平。第三，揭示了健康水平和医疗卫生条件的差异。第四，评估了不同城市化水平人们获取公共服务和公用事业的机会。最后，介绍了人们可能遭受的犯罪和暴力。

在分析不同城市化水平的居民生活影响因素时，本章探讨了个体预期对生活满意度评判的影响，同时在评估生活质量时，综合考虑了个体主观感知结果与社会经济客观发展。社会经济发展的空间差异部分反映了当地现状，但分类的不同可能也会产生一些差异，如城市人口与其他地区人口的内部差异。因此，本章在进行有关分析时，综合考虑了个体和家庭的特征因素。

收入、经济机会和就业

城市生活可以带来诸多好处，如更好的就业机会、更高的收入，但城市人口也承担着更高的成本，如生活支出、较高的租金。因此，大城市人口所享受的集聚效应会被那些更高的成本部分抵消（Ahrend和Lembcke，2016 [16]）。然而，充足的证据表明，中等收入国家，特别是发展中国家，城市人口的实际收入高于农村人口（Gollin，Kirchberger和Lagakos，2019 [3]）。鉴于这些实际收入差距，发展中国家的部分农村人口尝试向城市迁移，但巨大的迁移成本阻退了部分人口，这也解释了为什么实际收入差距并未缩小（Bryan和Morten，2019 [17]；Tombe和Zhu，2019 [18]）。迁移成本中既有财务方面的考虑，也有社会关系的丢失，以及对未来的不确定性。

城市、城镇和半密集地区提供较大的收入溢价

根据城市化水平的定义，对6个拥有超4.3亿人口的非洲国家进行分析，发现人口高密度的地区，货币工资和收入溢价似乎很高。与农村地区相比，城市、城镇和半密集地区的居民和家庭，工资和收入水平更高（图2.4）。城镇和半密集地区的个人工资比农村高26%，城市比农村高35%。发展中国家大多数农村人口并不是每月领工资的上班族，而属于自由职业者（见下一节），他们挣得比城市、城镇和半密集地区的同龄人要少。鉴于城市、城镇和半密集地区的生活成本要高于农村，地区间实际收入差距可能比此处提及的差距要小。[14]

居住在人口高密度地区，对家庭总收入的影响更为显著，家庭总收入包含了自由创业、劳动、资本和土地的收入。城市家庭的收入水平是农村家庭的2.5倍以上。随着城市化水平下降，收入溢价明显下降，但仍保持较高。城镇和半密集地区的家庭收入几乎比农村高80%。城市家庭货币收入的巨额溢价可能来自四个方面。首先，家庭收入包括来自资本和土地的收入，超越了单一的工资收入。其次，城市家庭中的双方伴侣更可能找到付薪的工作。再次，一旦他们找到付薪的工作，就会有较高的薪酬，以及更多的工作时间。最后，城市的生活成本较高，一方面，其要求有较高的货币收入，另一方面，实际上降低了城市的整体溢价。

图2.4 非洲不同城市化水平的工资和收入差异

城市、城镇和半密集地区与农村的相对差异

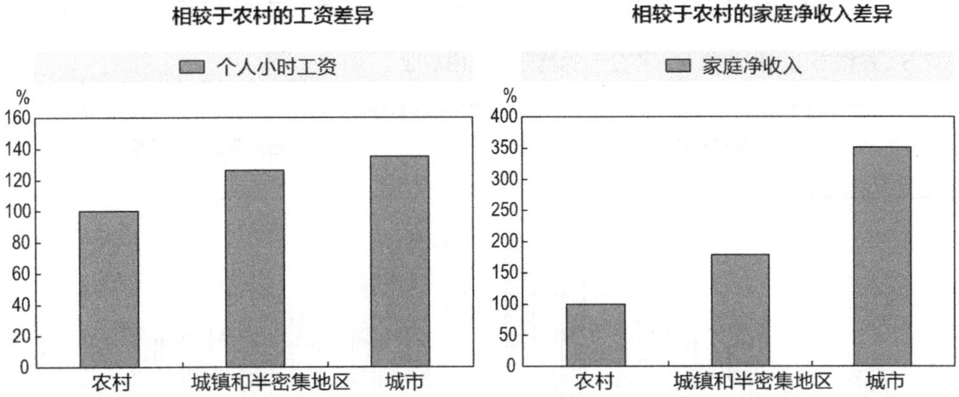

注：农村地区的工资和收入作为基准线，设为100%。基于回归结果，同时控制国家和调查年份的固定效应，得到工资差距。调查的6个国家为：埃塞俄比亚、加纳、马拉维、尼日利亚、坦桑尼亚和乌干达。工资数据包括有偿劳动的收入。

资料来源：结合Henderson, J.、S. Kriticos和D.Nigmatulina（2019 [5]）的工作计算，“衡量城市经济密度”，*CEP讨论文件*，基于全球人类住区数据集（GHSL）和世界银行生活水平测算研究数据，将其扩展到城市化水平。

城市化水平的巨大差异，强有力地拉动了非洲城市、城镇和半密集地区的经济发展，以及地区快速的城市化。此外，如此可观的收入溢价可直接提高生活满意度。当地现有产业和居民可获得的工作类型差异，可能导致城市、城镇和半密集地区的工资和收入更高。然而，即使考虑了这些差异，整体来看，人口越稠密的地区，工资和收入仍越高（Henderson，Kriticos和Nigmatulina，2019 [5]）。

就业机会遵循明显的城市梯度

与其他地区相比，城市的定期就业机会更为普遍。城市人口更多地为雇主工作，而农村地区的自由职业者更多（图2.5）。一般来说，雇员的比例和自由职业者的比例，都根据城市化水平遵循明显的梯度，且在各收入类别的国家，梯度表现都较明显，但雇员和自由职业者的比例随收入水平呈较大差异。例如，低收入国家农村地区的自由职业者达55%以上，而在高收入国家的农村仅有20%。撒哈拉以南非洲、亚洲和东太平洋地区的农村对自由职业的依赖程度特别高。在某种程度上，自由职业率之高反映了在全球许多农村地区，农业仍占据主导地位，特别是一些重点依赖农业的低收入国家。[15]然而，即使考虑农业对GDP的贡献，农村地区的自由职业率仍远高于城市，这表明与城镇和半密集地区或城市相比，农村地区的现代制造业缺乏可替代的经济机会。

图2.5　按城市化水平和收入水平分列的就业与自由职业

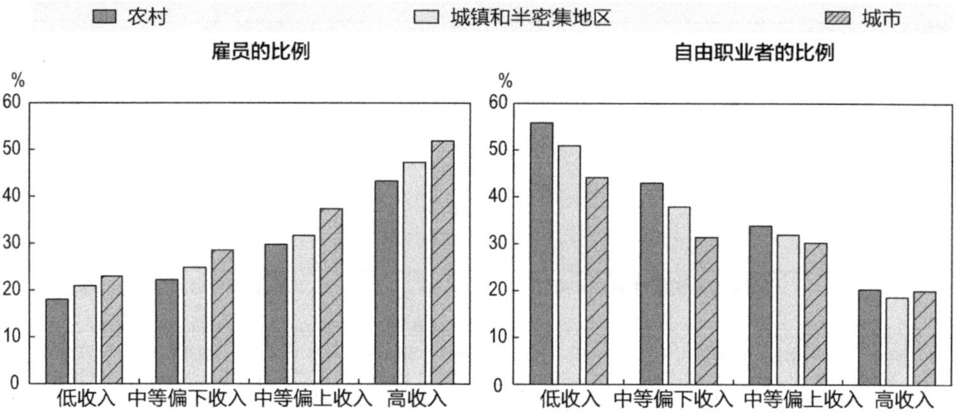

注：图中数值为按城市化水平和收入水平分列的简单平均数。
资料来源：基于Gallup（2017[14]），*Gallup全球民意调查，2016～2017*，https://www.gallup.com/analytics/232838/world-poll.aspx；经合组织制定，2019。

人口越稠密的地区提供越好的经济流动性

解释国内人口向城市迁移量剧增的一个共同假设是，人口稠密地区更容易获得经济机会。城市发展受益于集聚经济，集聚经济包括有形资本、公司、消费者和工人的集中，它为人们创造更多的就业机会（Ahrend等人，2017[19]）。多种类型的工作以及更高的工资，是城市吸引力的基础，进而带来更高的经济和社会流动性。Gallup世界民意调查中，111个国家的城市化水平数据证实了这一假设；城市为人们提供了生活水平改善的必要条件。相较于其他地区，48%的城市人口认为其生活水平逐渐提高，占比最大，比农村地区高出2.8%。

城乡之间的差距在撒哈拉以南非洲和南亚地区表现最为明显，尤其是在一些较贫穷的国家，如刚果共和国、刚果民主共和国或南苏丹共和国。相比之下，在拉丁美洲、中东与北非，则是城镇和半密集地区在生活条件改善方面表现得最好。在这些地区，如阿根廷、巴西和黎巴嫩等国，城市住房的可及性和负担能力大大降低，生活条件改善方面也是最差的，比农村地区或城镇及半密集地区低24%～42%。

区域的创业环境为经济流动提供了途径。整体而言，不同城市化水平之间的创业环境差异不大（图2.6）。但个别国家在对创业的支持上表现出较大的差异。特别是东欧和中亚国家的农村地区，较难为商业发展提供较合适的环境条件。在保加利亚、立陶宛、波兰、俄罗斯等国，城市人口认为其所在的区域更适合创业，整体比农村人口的意愿高出20%～30%。而在阿根廷、波斯尼亚和黑塞哥维那等国，农村人口则认为当地的创业环境更好。

图2.6　区域的创业环境

认为本区域创业环境较好的受访者比例

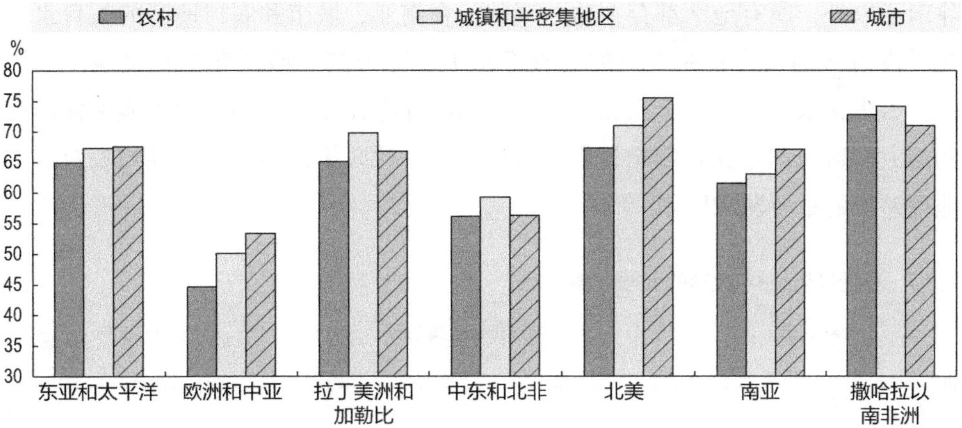

注：受访者被问及自己生活的地方是否适合创业。

资料来源：基于Gallup（2017 [14]），*Gallup全球民意调查，2016～2017*，https://www.gallup.com/analytics/232838/world-poll.aspx；经合组织制定，2019。

教育水平和受教育水平

较高的收入水平和更好的经济机会，并非影响城镇和半密集地区生活满意度高于农村的唯一因素。教育是影响社会经济流动性的一项重要因素（Card，1999 [20]），它直接决定着人们的就业，也影响着人们在社会中立足。早期生活中教育（质量）的缺失，可能会对个人的福利保障产生持久的影响（Heckman，2006 [21]）。如果一些儿童成长在一个不易获得教育机会的地区或城市，那么能否获得教育机会，则会成为一项重大的政策问题。Gallup全球民意调查数据和DHS的调查数据揭示了城市化进程中教育机会的差异。

教育水平遵循明显的城市梯度

纵观全球，城市的教育水平显著高于城镇和半密集地区，城镇和半密集地区又高于农村。在农村地区，52%的人口接受过8年或以下的教育，而在城镇和半密集地区，这一比例为34%，城市为28%。相比之下，人口稠密地区的高等教育更为常见。不足7%的农村人口拥有大学学位（或四年制的大专教育），城镇和半密集地区为13%，而城市人口接受高等教育的比例达到17%。

以40个发展中国家作为子样本，教育水平的差异更为显著。平均而言，城市中接受过至少8年教育的16岁儿童比例，比农村地区高出约20%（图2.7）。除南亚以外，所有地区都存在这一现状。在南亚，城市和农村地区的教育水平几乎没有差别，且农村人口的受教育水平实际上高于城镇和半密集地区。的确，城市化水平不同，个人和家庭的显著特征存在差异，但这并不能解释观察到的大多数地理差异。影响教育机会提供的公共政策，很可能是导致教育水平地理差异的重要驱动因素。

图2.7　接受过至少8年教育的16岁儿童比例

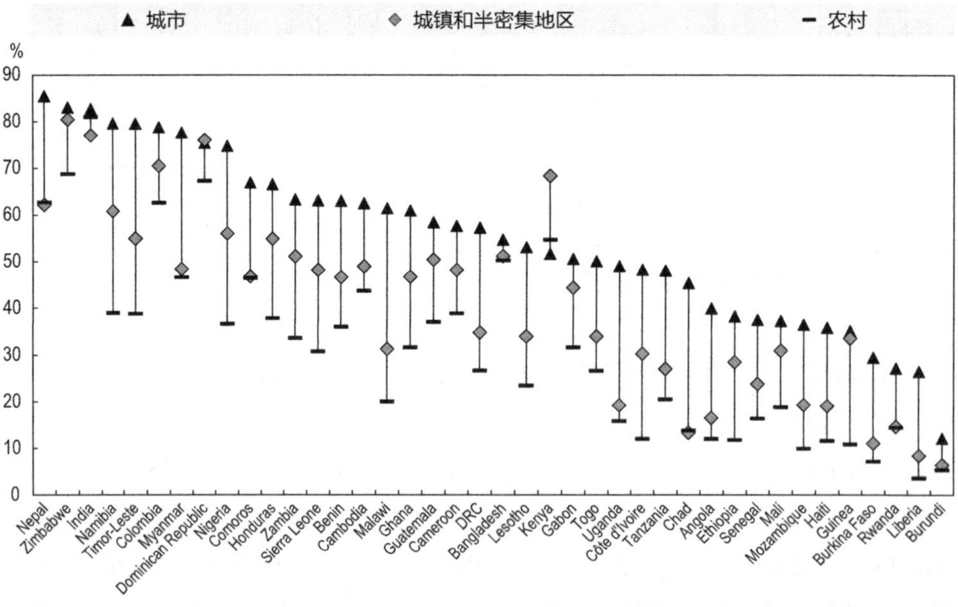

资料来源：DHS（2016[22]）；Henderson，V.等人（2019[23]），"城市化与人口和健康：城市分类的新视角"。

Stat Link https://doi.org/10.1787/888934130265

城市显然比其他地区提供更好的教育机会。特别是在撒哈拉以南非洲，城市的教育水平要高得多，农村地区的8年教育完成率低于30%，而城市超过50%。即使在拉丁美洲和东南亚，城市的8年教育完成率也超过了70%，而农村地区16岁的儿童中，接受过8年教育的还不足一半。在撒哈拉以南非洲，儿童在16岁之前没有读完8年级，部分是因为一些12岁和13岁的儿童甚至还没有读完4年级。这反映了两件事：早年在学校就没有完成该年级的学业，大可能是出勤率低；他们去学校但没有完成学业。

过去15年里，教育水平显著提高。在撒哈拉以南非洲，所有城市化水平下，接受过8年教育的16岁儿童比例均增加了10%～20%；在南亚样本中，这一比例增加了20%～30%。然而，撒哈拉以南非洲各地区城乡的教育差距也从2000年的20%增长到2015年的25%以上。相比之下，南亚地区城乡的教育差距从近30%显著下降，以至于目前农村和城市的教育比例基本相同。近些年，孟加拉国和尼泊尔在提升农村教育水平方面取得了巨大进展。

农村地区对教育质量的主观态度比实际结果更乐观

农村地区对儿童受教育机会的态度更为积极，这与实际的教育水平形成了对比，很可能是因为预期较低。总体而言，东亚和太平洋地区的农村人口对本国儿童受教育机会的信心最高。87.5%的人认为，他们国家的大多数儿童每天都有机会学习和成长。另外，中东和北非的城市中，只有54.3%的人对儿童的受教育机会保持信心。从全球来看，城市中普遍对儿童受教育机会持悲观态度，而城镇和半密集地区与农村则基本相当。

调查结果并非揭示了农村地区的教育机会更好，而是表明城市人口对教育系统抱有更高的期望。例如，在拉丁美洲和加勒比地区，一国不同区域间的差异最为显著，即使农村地区更难享受较好的学校资源或教育资金，城市人口对儿童学习和成长机会的积极态度也比其他地区低8%～9%。实际上，如图2.7所示，拉丁美洲和加勒比地区的城市教育水平明显高于农村。城市中接受过至少8年教育的16岁儿童比例（54%）几乎是农村（28%）的两倍。撒哈拉以南非洲和东南亚也存在类似的城乡差异，这表明，农村地区对教育更积极的主观态度，可能是由于缺少相关教育的经验，或缺少教育机会。

健康结果

不同城市化水平下，性别间的健康结果有较大差异

健康结果，作为个体福祉的关键要素（Boarini，Murtin和Schreyer，2015[24]），展现出较大的城乡差异。就自我描述的健康结果方面，不同城市化水平存在一个明显的梯度（图2.8）。平均而言，超31%的农村人口反映健康问题使他们无法做同龄人通常做的事情。约28%的城镇和半密集地区人口反映了此类问题。相比之下，城市人口似乎少有健康问题，不到四分之一（24.6%）的人口提及了重大健康问题。

不同的城市化水平，性别间的健康差异较为明显：女性反馈的健康问题比男性严重（图2.8）。性别间的健康差异在欧洲和中亚以及美国似乎最大，这些区域的农村、城镇和半密集地区的女性健康比男性差得多。总体而言，美国和撒哈拉以南非洲的城乡差距较大，两地农村人口反映健康问题的可能性分别比城市人口高15%和11%。这些空间差异并不能简单地归因于不同城市化水平下

图2.8 按性别分列的城市、城镇和半密集地区、农村人口健康问题

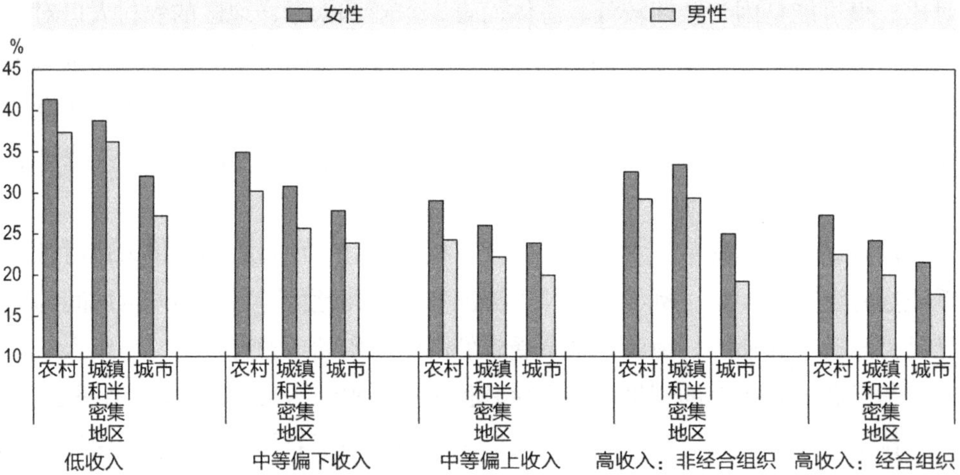

注：数值为反映重大健康问题的人口比例。TSAs指城镇和半密集地区。
资料来源：基于Gallup（2017[14]），*Gallup全球民意调查，2016～2017*，https://www.gallup.com/analytics/232838/world-poll.aspx；经合组织制定，2019。

Stat Link https://doi.org/10.1787/888934130284

人口的年龄分布差或受教育水平的不同。

一些拥有大量城市人口且人口不断增加、经济迅猛增长的国家，其健康问题往往更严重。例如，在孟加拉国、中国或印度尼西亚，城市人口潜在的健康问题比农村分别高41%、36%和31%。而居住在中国城市（或城市中心）的人口比例已达到41%（1975年为29%），孟加拉国达到54%（1975年为18%），印度尼西亚甚至达到57%（1975年为47%）。同时，这3个国家的人均GDP在1975～2018年期间，分别增长了28倍（中国）、5倍（印度尼西亚）和4倍（孟加拉国）。

尽管农村人口的健康问题倾向更大，但不同城市化水平下，对卫生服务的满意度并没有很大的差异，这也反映了主观期望的作用。南亚的城市人口对其享受的医疗卫生满意度比农村高30%。除此之外，其他地区的城乡之间差距较小。总体而言，城镇和半密集地区的人口对优质医疗卫生服务的满意度最高（52%）。然而，不同城市化水平下，实际获得的医疗卫生水平差别很大（见下文关于女性享受医疗卫生服务的内容），农村整体要低得多，意味着地区的满意度会受主观期望的强烈影响。

发展中国家农村地区的健康水平在逐渐提高

在发展中国家，就婴儿死亡率、儿童腹泻和疫苗接种等健康问题而言，城市要比农村好一些。然而，如果考虑当地人口特点的差异，4个地区（撒哈拉以南非洲、拉丁美洲和加勒比、南亚和东南亚）的城市化水平差异就会更小。其他的健康结果也陆续表明，发展中国家城市中的一些健康问题在恶化。

健康结果较好地展现了居民生活条件，包括人们可享受的医疗卫生服务和其他公共服务。借助健康结果，进一步量化发展中国家不同城市化水平下生活条件的差异。然而，不同地区人口构成的分类和内在差异，如以教育为例，可能会影响医疗卫生的信息获取和使用，进而造成健康结果的空间差异。本节也探讨了这种分类会如何影响健康结果的地理差异。

聚焦儿童健康结果

婴儿死亡率和腹泻率等数据，和预期的梯度变化较为一致，即城市的结果更好，其次是城镇和半密集地区，农村的结果最差。然而，三者之间的差异一般不大。每千名新生儿中，农村地区婴儿死亡人数比城市多5～10人（图2.9）。在中等偏下收入国家，城乡之间差距最大，城市每千名新生儿中，出生后不满周岁死亡人数小于38人，而农村地区有47人。纵观全球，婴儿死亡率为25‰～50‰不等，其中撒哈拉以南非洲的婴儿死亡率最高。

与婴儿死亡率相比，腹泻率和白喉、百日咳和破伤风（后三位统称DPT）疫苗接种率的地理差异相对较小，从未超过几个百分点（图2.9）。腹泻率和DPT疫苗接种率等健康问题，在全球不同区域间差异较为显著，尤其是拉丁美洲和加勒比以及撒哈拉以南非洲，但不同城市化水平下差异较小。就腹泻率而言，拉丁美洲和东南亚的城乡差异最大，农村地区腹泻率约高出3%。在撒哈拉以南非洲、拉丁美洲和加勒比、南亚和东南亚4个区域，各国平均DPT疫苗接种率都较高，地理差异似乎很小，这可能要归因于大规模的国际疫苗接种行动。

总体而言，腹泻率侧面反映了公用设施的分布情况，特别是卫生设施的改善。腹泻率与水和卫生设施等直接相关。这类基础设施方面的地理差异，似乎导致儿童健康结果的差异。例如，在撒哈拉以南非洲和南亚，儿童腹泻率的降低与卫生条件的改善密切相关。[16]因此，享用更好公共设施服务的城市儿童，较少面临腹泻等健康风险。

尽管地理空间的差异持续存在，但随着城市化水平的提高，整体健康状况有了较大的改善。过去15年里，婴儿死亡率和腹泻率显著下降，DPT疫苗接种率进一步提高。例如，南亚国家各城市化水平下的婴儿死亡率下降约50%。撒哈拉以南非洲的农村地区婴儿死亡率降幅接近50%，城市、城镇和半密集地区的降幅比农村稍小，但也十分可观（图2.10）。腹泻率下降虽不及婴儿死亡率显著，但仍下降很多，与先前的8%～20%相比，各城市化水平均下降约5%。DPT疫苗接种率从最早的50%～65%，到所有地区均增加15%以上，且城镇地区增幅最大。所有这些结果都表明，即使在发展中国家人口较少的地区，医疗卫生条件也有了明显改善，人们的卫生意识也有所提高。

图2.9　按世界区域和收入类别分列的婴儿死亡率、腹泻率和DPT疫苗接种率
不同城市化水平的差异

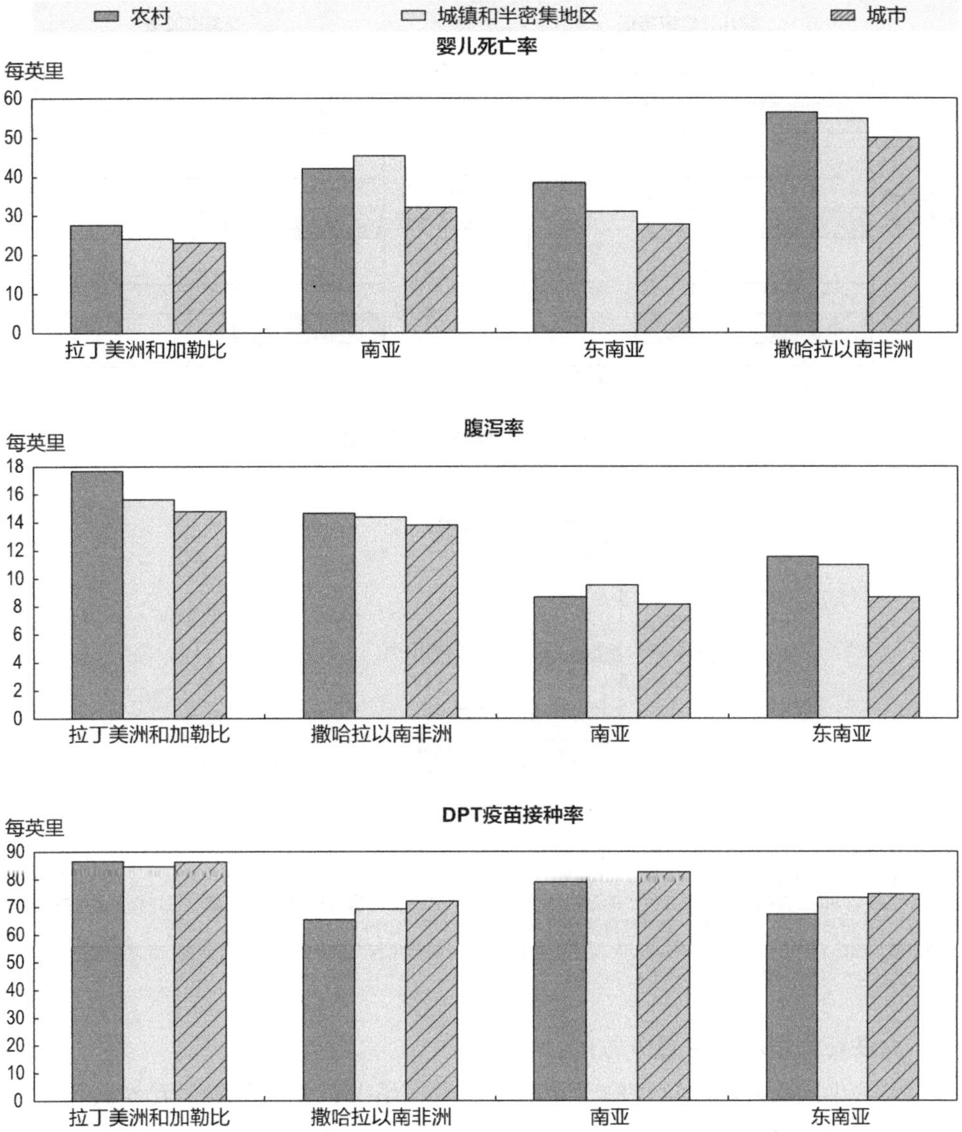

注：婴儿死亡率是指调查年前5年内出生但不满1岁即死亡的儿童比例。腹泻率是指过去2周内经历腹泻的5岁以下儿童比例。DPT疫苗接种率是指接受了第三剂DPT疫苗的儿童比例。
资料来源：DHS（2016[22]）；Henderson，V.等人（2019[23]），“城市化与人口和健康：城市分类的新视角”。

图2.10　撒哈拉以南非洲和南亚卫生结果的相对变化（2000～2015年）（%）

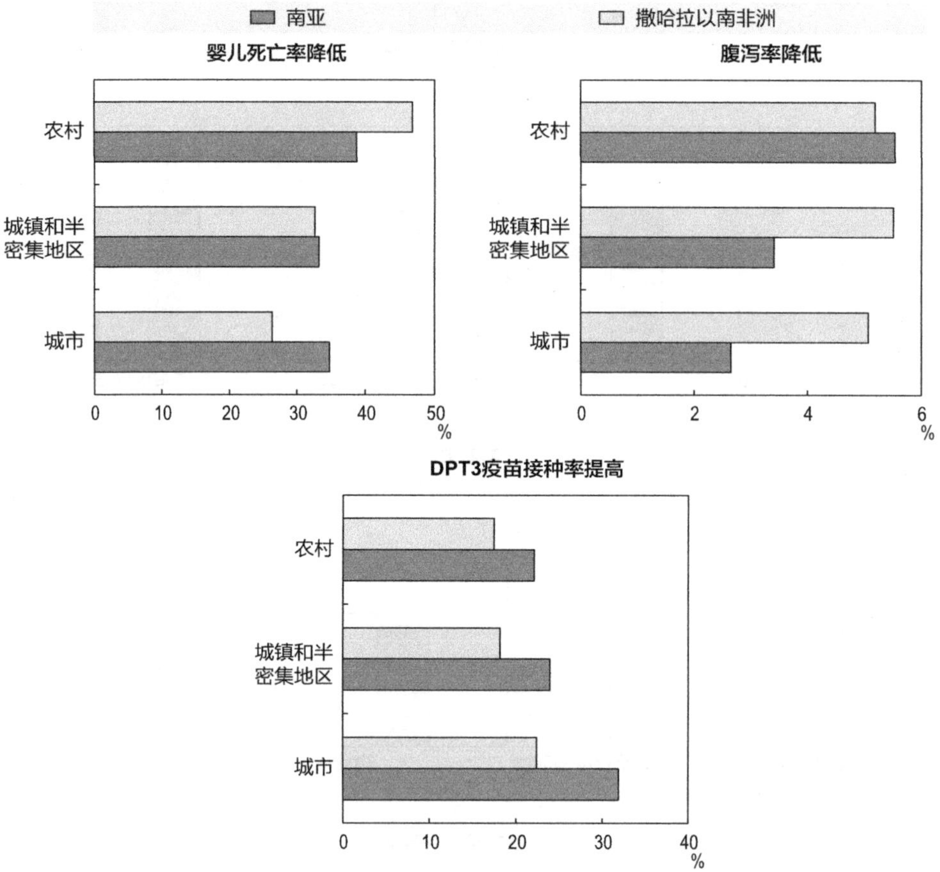

注：2000～2015年期间，所有变化均为百分比下降（婴儿死亡率、腹泻率）或百分比增加（DPT3疫苗接种率），且都以2000年的平均值为基础比例。婴儿死亡率是指调查年前5年内出生但不满1岁即死亡的儿童比例。腹泻率是指过去2周内经历腹泻的5岁以下儿童比例。DPT疫苗接种率是指接受了第三剂DPT疫苗的儿童比例。

资料来源：DHS（2016[22]）；Henderson，V.等人（2019[23]），“城市化与人口和健康：城市分类的新视角”。

女性获取医疗卫生服务的机会

发展中国家农村地区医疗卫生服务的分布情况，尤其阻碍了女性获得更好的健康结果。其中，主要有两个关键性阻碍因素。第一，供给，即医疗卫生设施的可及性，医疗卫生设施通常在地理空间上集中于特定地区，以至于许多地区的居民甚至需要长途跋涉才能享用这些设施。第二，发展中国家女性寻求和享用医疗卫生服务的权益往往受到限制。

在大多数发展中国家，人们距离医疗卫生设施太远，无法更好地获取医疗卫生服务。因距离较远而不寻求医疗卫生服务的城市女性比例要低得多（图2.11），这与其成本相关。认为距离阻碍了其寻求医疗服务的农村女性比例则是城市的2倍。在柬埔寨、利比里亚、塞拉利昂、赞比亚和津巴布韦的农村，上述比例可能是城市的3～4倍。此外，女性需要得到其伴侣或家庭的许可，是另一个阻碍因素，但其影响似乎小于地理距离的作用。平均而言，16%（城市）～21%（农村）的女性认为，缺乏许可是其不寻求医疗卫生服务的原因。总的来看，不同城市化水平间的差异相对较小，特别是在非洲和拉丁美洲，这些地区，城市、城镇和半密集地区、农村等地的女性没有表现出明显的差异。

图2.11　距离阻碍人们获取医疗服务

女性由于距离原因而不寻求医疗帮助

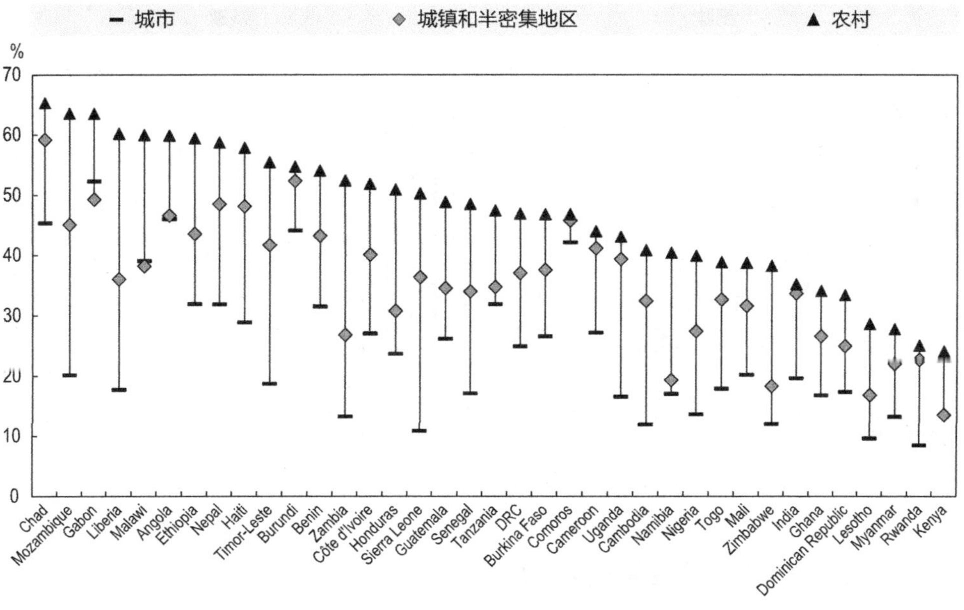

注：数值为15～49岁的受访女性生病时未去医疗机构就诊的比例。该指标记录了受访者对距离问题的看法。

资料来源：DHS（2016 [22]）；Henderson，V.等人（2019 [23]），“城市化与人口和健康：城市分类的新视角”。

城市中的健康风险

尽管城市提供了大量的就业和服务机会，但城市人口也容易遭受一些集中于城市环境的、特定的健康风险和危害，如空气污染、缺乏锻炼或大量不健康的食物等，并在各个方面诱发不利的健康结果。因此，城市人口往往也面临这些健康恶化因素造成的“城市疾病”。

在这些城市疾病中，肥胖问题尤其表现得突出。城市人口的肥胖率明显高于城镇和半密集地区以及农村。在撒哈拉以南非洲和南亚，城市人口肥胖的可能性是农村地区的2.3倍（图2.12）。纵观全球4个地区，肥胖率随着人口密度的增加而增加。此外，城市儿童的咳嗽率也略高于农村。尽管这些差异看起来很小，但在控制排序时，它们在回归框架中也具有统计学意义。[17]

图2.12 按地区和城市化水平分列的肥胖和咳嗽问题

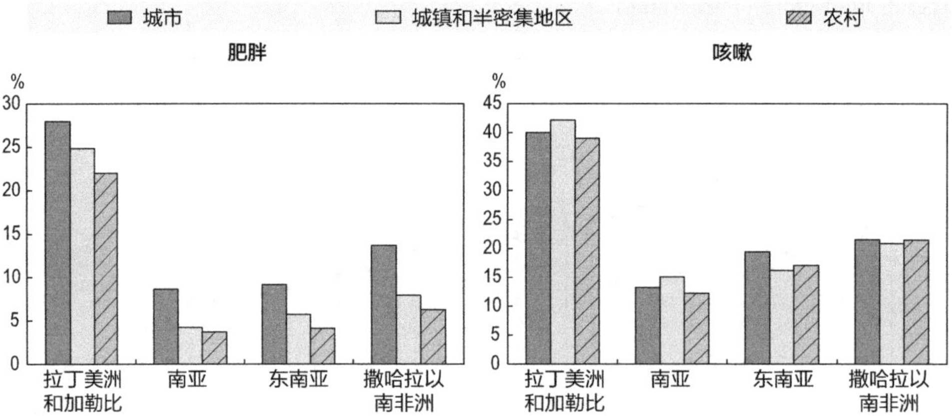

注：左图为肥胖受访者的比例，其中，肥胖指体重指数大于等于30。样本由20～49岁的家庭成员组成，均为符合条件的个体男性和女性，且不含孕妇。安哥拉2015～2016年有关肥胖问题的调查数据不详。右图为过去2周内有过咳嗽的5岁及以下儿童比例。

资料来源：DHS（2016［22］）；Henderson，V.等人（2019［23］），“城市化与人口和健康：城市分类的新视角”。

公共服务和公用设施的获取

区域位置很大程度地影响公共基础设施和现代技术的获取

纵观全球，公共基础设施地理集中度最高的是撒哈拉以南非洲和南亚，在这些地区，人们对公路和高速公路的满意度分别为66%、54%和42%、35%。

正如预期一样，满意度最高的是城市，最低的是农村。实际使用公路和高速公路的地理差异，可能比满意度反映得要大，这也再次揭示了主观期望对个体评判当地环境的影响。

在数字基础设施和现代技术方面，区域可及性的差异更为显著（图2.13）。在4个收入群体中，互联网接入遵循明显的梯度。城市、城镇和半密集地区的人口享受更多的互联网接入，最后才是农村。全球范围内，享受固定互联网接入的城市人口比例几乎比农村人口高50%。低收入和中等偏下收入国家的差距最大。与联合国可持续发展目标17.8.1相关的一个最新互联网应用，比定期的互联网访问更为普遍，其表现出的地理差异也较小。尽管如此，在中等偏下收入国家和低收入国家，不同地区的人们使用互联网仍有很大差异。例如，过去7天里，只有56%的农村人口使用了互联网，而城镇和半密集地区、城市分别达到67%和74%。

图2.13 使用并定期访问互联网

过去7天里使用过互联网并定期上网的受访者比例

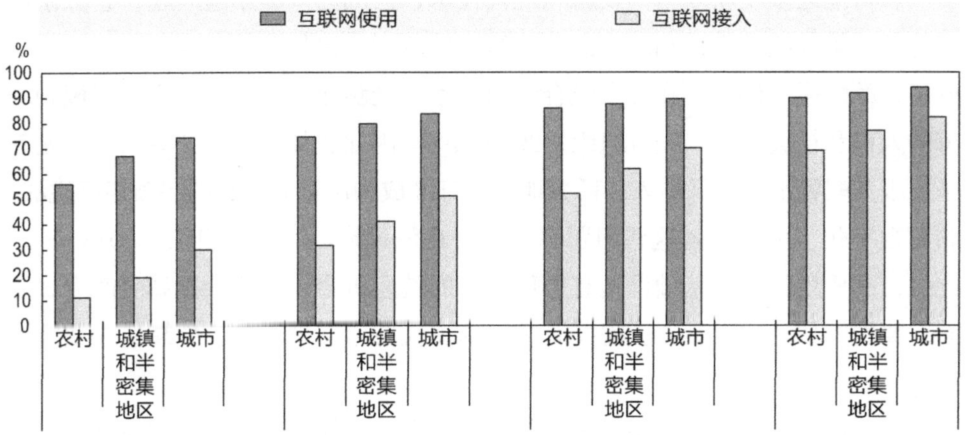

资料来源：基于Gallup（2017[14]），*Gallup全球民意调查，2016～2017*，https://www.gallup.com/analytics/232838/world-poll.aspx；经合组织制定，2019。

低收入国家不同城市化水平下，手机使用也存在差异（联合国可持续发展目标5.b.1）。在低收入国家，仅约一半的农村人口拥有一台手机，而城镇和半密集地区的比例超过60%，城市超过70%（图2.14）。在经济更发达的国家，手机的普及和低成本，使其在各个城市化阶段，几乎实现了全覆盖。

图2.14 拥有手机的人口比例

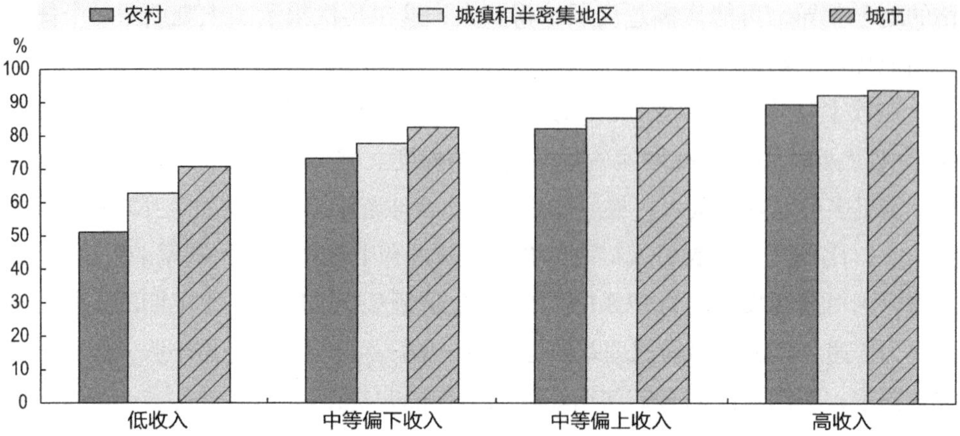

资料来源：基于Gallup（2017 [14]），*Gallup全球民意调查，2016～2017*，https://www.gallup.com/analytics/232838/world-poll.aspx；经合组织制定，2019。

农村地区不便获取基础设施和现代技术，已成为一项紧迫问题，它关系着现有的政策挑战。人口和环境的变化给领域范围内提供公共服务和基础设施造成了新的障碍。例如，在许多经合组织国家，老龄化从根本上改变了区域和城市的人口和社会结构（经合组织，2019 [25]）。因此，如何提供公共服务，尤其是在服务配置水平较低的人口稀少地区，日渐成为决策者面临的一项艰巨挑战。利用数字化，可以缓解这些问题，特别是在偏远地区（经合组织，2018 [26]）。此外，高质量的数字基础设施有望创造新的就业机会，可能会提高生产力。然而，要把握住这些机会，就需要有完善的现代技术基础设施，如高速互联网连接等。

可及性则是非经合组织国家面临的一项政策挑战。在那些城市与其他地区经济差异更大的国家，地理空间的可及性差异似乎更加严重。下一节将结合城市化水平更详细地研究这些差异，同时揭示40个发展中国家公用设施的配置现状。

发展中国家的城市人口享受日益改善的公共服务

全球4个分区（撒哈拉以南非洲、拉丁美洲和加勒比、南亚和东南亚）中，城市的公用设施供给始终比农村地区好得多。总体而言，在城市化水平上，公用设施存在明显的梯度，即城镇和半密集地区不及城市，但优于农村。在电气化、自来水和安全饮用水方面，城乡差异较大。然而，大多数地区，尤其是农村地区，在过去15年里，核心公用设施有了明显改善，并直接体现在了健康结果上。

尽管用电是许多家庭的基本需求，发展中国家的城乡电气化差距仍十分巨大。显然，城市中的电气化比城镇和半密集地区、农村都更普及。平均而言，城市中几乎75%的家庭用电，而城镇和半密集地区为45%，农村不到31%（图2.15）。在撒哈拉以南非洲和东南亚，城乡的电气化差距是最大的，区域的全国平均用电率也是最低的。城市化水平梯度上观察到的一个例外是南亚，南亚的城镇和半密集地区的电气化率比农村低近10%。与电气化类似，自来水在城市中更普及，但城镇和半密集地区与农村之间的差异通常很小。城市人口密度较高，使得公用基础设施供给的人均成本有所降低，这样似乎就可以解释观察到的地理差异。撒哈拉以南非洲和东南亚的自来水普及率较低，但拉丁美洲对自来水的使用率要高得多，且城市梯度明显。拉丁美洲的城市家庭最有可能使用自来水，城镇和半密集地区的家庭使用率也十分可观。

图2.15　不同城市化水平下的用电和自来水

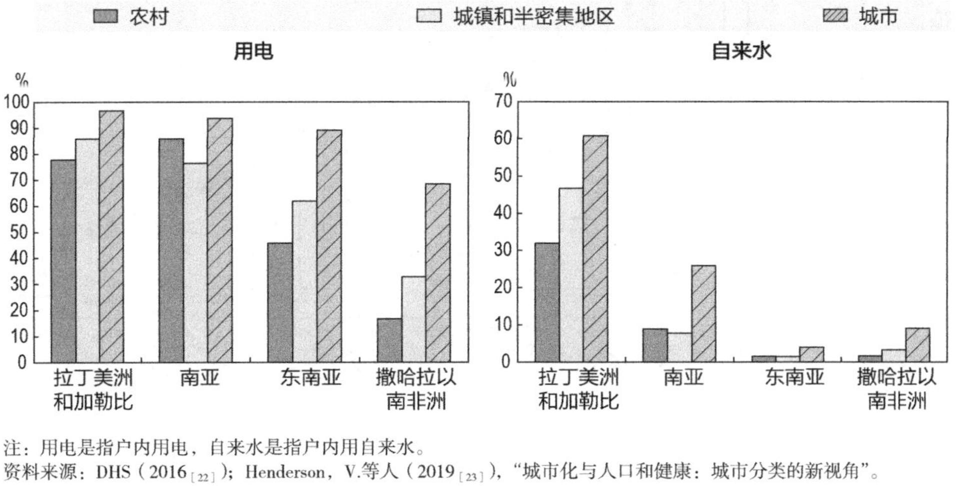

注：用电是指户内用电，自来水是指户内用自来水。
资料来源：DHS（2016[22]）；Henderson，V.等人（2019[23]），“城市化与人口和健康：城市分类的新视角”。

与水相关的公用设施范围较广，可以更清楚地看到地理差异。安全管理的水，包括受保护的井水或泉水、井眼、桶装水和雨水。4个地区都有较广泛的安全水供给，且不同城市化水平间差异也较大。平均而言，城镇和半密集地区比农村地区高5%以上，但仍比城市低10%。撒哈拉以南非洲一些国家内部表现出的差异最大。例如，在科特迪瓦、马拉维和尼日利亚，农村地区获得安全饮用水的机会大约低35%～40%（图2.16）。卫生条件的改善，也遵循了预期的城市梯度，城乡差异在20%以上，而城镇和半密集地区略高于农村。[18]

具体而言，撒哈拉以南非洲的总体比率低于其他区域；且城乡差异非常大。城市家庭使用安全饮用水或改善后的卫生设施的比例分别为40%和70%，而农村家庭，各自体量约为12%和36%，不足城市的一半。

过去15年里，一些国家的水电供给情况有了明显改善，而另一些国家则

图2.16　不同城市化水平下安全饮用水的供给

选定的国家，2010～2016年

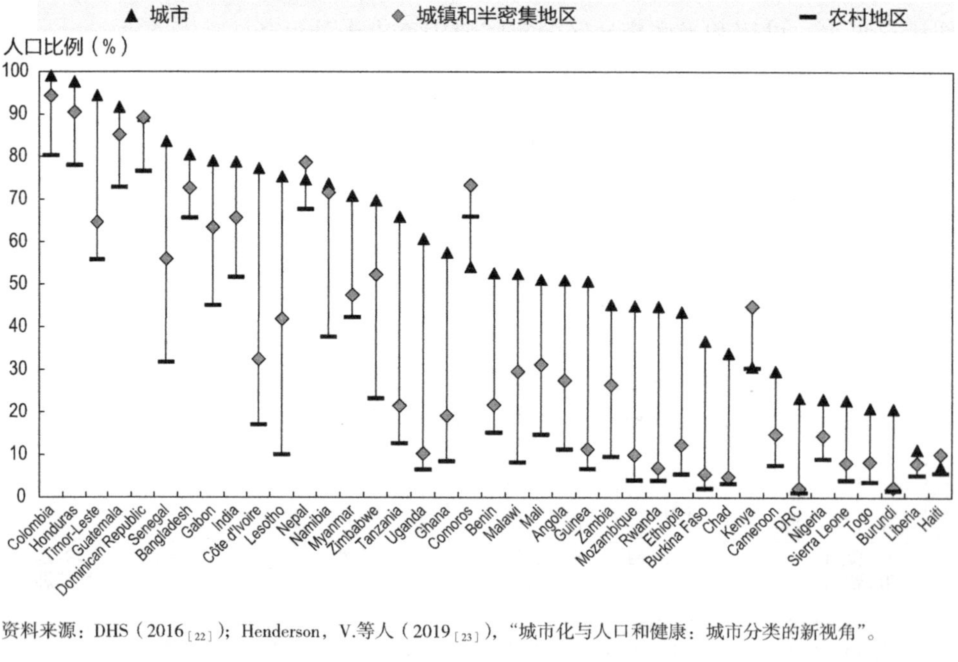

资料来源：DHS（2016[22]）；Henderson，V.等人（2019[23]），“城市化与人口和健康：城市分类的新视角”。

停滞不前。[19]南亚所有城市化水平下的居民都享受到了电气化率和自来水的改善，而撒哈拉以南非洲的情况则更为复杂。不同城市化水平下，电气化率明显增加，尤其农村地区最显著。撒哈拉以南非洲的农村电气化率比最早的10%翻了一番，南亚几乎翻了两番，2015年达到近60%。有趣的是，农村电气化率甚至超过了城镇和半密集地区，表明在此期间，农村地区的基础设施投资明显增加。

与电气化率相比，撒哈拉以南非洲的城市自来水普及率实际上下降了，农村地区基本没有变化。对于撒哈拉以南非洲地区随时间变化所观察到的差异，一个可能的解释是，新城市居民搬到了城市边缘，而这些地区在2000年还属于农村，没有基础设施。南亚所有地区的自来水供给都有所改善。其中，城市的改善效果最好，农村地区目前的自来水改善程度和普及率要高于城镇和半密集地区。综上，撒哈拉以南非洲的城市面临着重大挑战，需扩大服务供给以满足日益增长的人口需求。由于自来水既需要铺设水管，同时还要经常进行改造，其成本比延长电线更高，因此对比之下，当地电气普及率得以提高，而自来水的普及率却下降了。

公共服务的城乡差异可能对城市化产生重大影响。得益于城市的人口密度，其公共服务供给的人均成本相对降低，城市人口往往享有更好的公共服务。例如，在撒哈拉以南非洲，与公共服务相关的许多方面似乎随着人口密度的增加而改善（Gollin，Kirchberger和Lagakos，2019 [3]）。此外，一些城市由于其国家或区域首府的地位而享有政治优势，从而可以在公共服务供给方面得到更多的政策支持（专栏2.2）。这些因素导致了地理空间上公用设施的显著差异，推动了人口从农村向城市的迁移，进而促进城市的进一步发展（Brueckner和Lall，2015 [27]）。以往的研究结果已表明，公共服务会吸引农村人口迁入城市。例如，在巴西，除了更高的工资以外，水和卫生设施等这些更好的公共服务，也是吸引人们到更大城市的重要因素，（Lall，Timmins和Yu，2009 [28]）。最贫困的人可能从更好的公共服务中获益最多，因此，即使城市生活成本较高，但也特别能吸引这部分人群。

专栏2.2　城市的职能地位对公用设施供给的影响

住区的行政或政治地位影响地区公用设施的供给。纵观全球，住区的政治地位，如国家或地区的首都，会影响社会经济发展，也会造成城市与中等密度地区（城镇和半密集地区）之间很大一部分差异。一国的首都，在卫生、电力和饮用水等基础设施方面都颇具优势。

除了政治地位，数据还表明，一个地区的行政地位也十分重要。即使是在讨论人口密度时，在全国人口普查中是否界定住区为城镇，这点也很关键。具有城镇职能地位的区域，受益于更多的公用设施供给。根据国家定义，被界定为城镇地区的居民，享用更好的卫生设施、电力设施和安全饮用水。在一些国家界定的城镇地区，居民获取公共服务的机会更高，有一部分原因是，国家在界定城镇时，就把公共服务的获取机会，作为其中一个判断标准。

注：调查结果基于Henderson等人（2019[23]）的回归结果。
资料来源：DHS（2016[22]）；Henderson，V.等人（2019[23]），“城市化与人口和健康：城市分类的新视角”。

犯罪、性别、暴力、安全

城市中的犯罪问题比其他地区更紧迫

犯罪、暴力和对女性的态度，直接影响人们的日常生活，进一步影响生活质量。与健康结果类似，这些重要方面，根据城市化水平、性别和国家发展水平的不同而变化很大。

总体而言，城市人口最容易遭受犯罪和暴力。在所有收入水平上，在调查前的12个月里，遭遇财产或金钱被偷的城市人口比例最高，为19.9%，其次是城镇和半密集地区（16.3%）（图2.17左），最后是农村（14.9%）。在中等偏下收入国家和高收入国家，城市的盗窃率尤其高。此外，城市人口也最容易遭受抢劫或袭击。低收入国家不同城市化水平下，人们遭受被抢的比例差异微乎其微，但在中等收入国家和高收入国家，比例差异均十分显著（图2.17右）。通常，农村地区遭袭击的比例最低，城镇和半密集地区中等。

图2.17　不同城市化水平下的盗窃率和袭击率
过去12个月里遭受盗窃或抢劫的人口比例

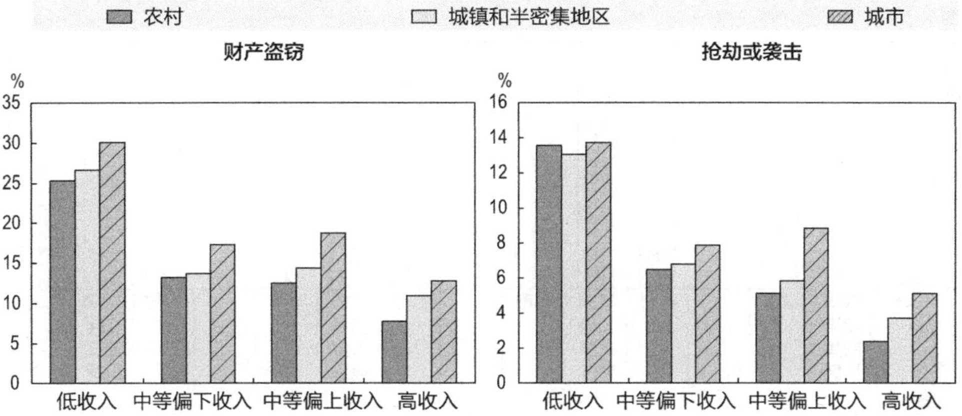

资料来源：基于Gallup（2017[14]），*Gallup全球民意调查，2016～2017*，https://www.gallup.com/analytics/232838/world-poll.aspx；经合组织制定，2019。

当具体谈到夜间独自行走（相当于联合国可持续发展目标16.1.4）时，城市人口，尤其是女性反馈的安全感最低。平均而言，63.5%的农村人口、59.7%的城镇和半密集地区人口和52%的城市人口，在夜间独自行走时感到安全。在不同收入类别的国家和不同城市化水平中，女性反馈的夜间安全感均大大低于男性（图2.18）。在中等偏上收入国家和高收入国家，性别差异表现得最大，这些国家的女性受访者夜间独自散步感到安全的比例，比男性低10%～20%。可持续发展目标16.1.4中的性别差异也体现在其他方面，直接对女性生活质量产生了不利影响。平均而言，普遍缺乏对女性的尊重，仍是不同城市化水平下人们主要担忧的问题。只有50%～70%的女性认为在当地环境中受到了尊重，城市的这一比例低于农村。这表明，为实现两性平等，增强女性的自主权（可持续发展目标5），未来还有更多工作要做。

对女性遭受家庭暴力的容忍程度逐渐降低，但地域差异仍然很大

在发展中国家，大约27%～30%的已婚女性经历过家庭暴力（图2.19）。尽管不同收入类别、不同城市化水平之间没有明显的差异，但不同区域的女性经历有所不同。在撒哈拉以南非洲、南亚和东南亚，农村地区遭受家庭暴力的女

图2.18　夜间独自行走时感到安全的男女比例

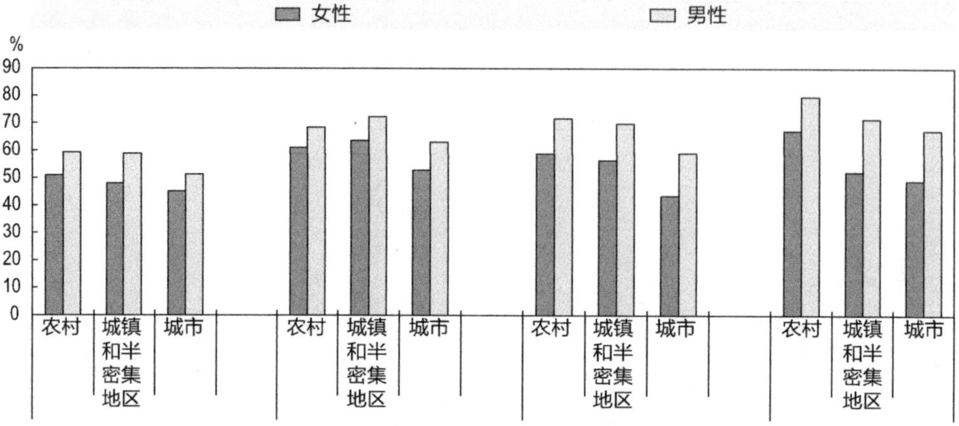

资料来源：基于Gallup（2017[14]），*Gallup全球民意调查，2016～2017*，https://www.gallup.com/analytics/232838/world-poll.aspx；经合组织制定，2019。

图2.19　按城市化水平划分的家庭暴力

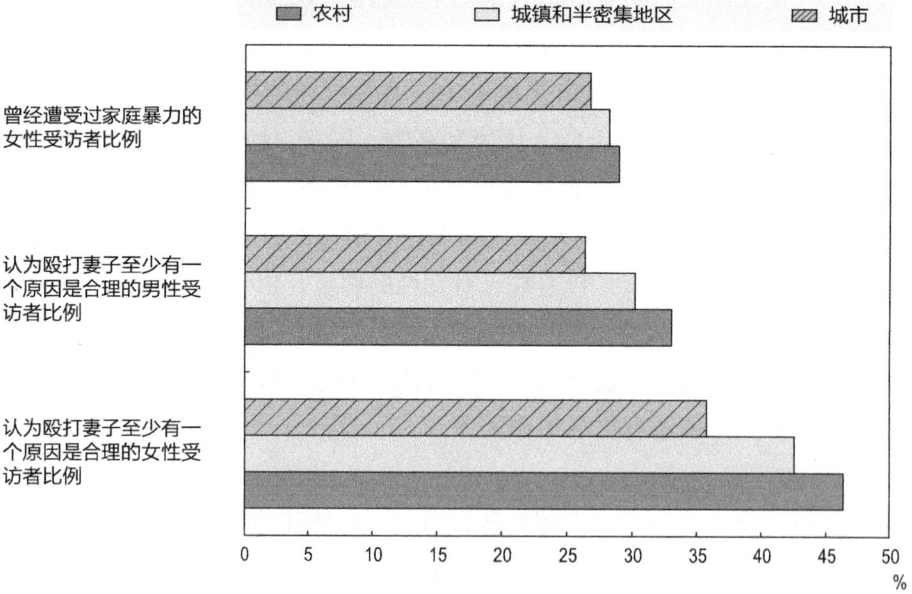

资料来源：DHS（2016[22]）；Henderson，V.等人（2019[23]），"城市化与人口和健康：城市分类的新视角"。

性比例高于城市。而在拉丁美洲，城市女性遭受家庭暴力的比例更高。

与受访者反馈的家庭暴力相比，农村地区对家庭暴力的容忍度似乎也是最高的。不同于城市、城镇和半密集地区，农村地区的女性和男性都更倾向认为殴打妻子是正当的（图2.19）。令人惊讶的是，尤其在农村、城镇和半密集地区，比男性更多的女性认为殴打妻子至少有一个原因是合理的。东南亚地区对家庭暴力的容忍度最高，但其实际发生率最低。相反，拉丁美洲对家庭暴力的态度更开明、更进步，但并没有转化为更好的结果。

值得欣慰的是，不同城市化水平对家庭暴力的态度似乎都在变化。在撒哈拉以南非洲唯一能获得随时间变化的数据的区域，2000～2015年期间，人们对殴打妻子的容忍率大幅下降。平均而言，男性和女性对殴打妻子的容忍率从2000年的50%和70%各下降了20%。不同城市化水平下，对家庭暴力的态度仍然存在差异，部分是因为城乡的人口结构差异。例如，在撒哈拉以南非洲，如果考虑到年龄和教育等家庭特征，认为有理由殴打妻子的女性比例，城市-农村差异以及城镇-农村差异，下降了35%～50%。同样，在南亚，考虑到分类问题，与农村相比，城市人口对暴力的容忍度以及暴力经历的比率都在消除（见Henderson等人（2019[23]），以获取更多信息）。

解释生活满意度的差异

正如前几节所述，在影响生活幸福的关键要素层面，不同城市化水平的差异可能相当大。结果表明，城市整体更有优势，尽管也有明显的例外。平均而言，城市的生活质量似乎最高，农村地区最低。城镇和半密集地区大多居中。然而，当考虑到个体生活幸福的影响要素时，结果更微妙。

城市人口收入更高，享受更多的经济机会。尽管城市中存在一些不平等，且生活成本较高，并非所有人都能平等地受益，但整体而言，城市人口的经济状况更好。城市人口的教育水平也最高，其次是城镇和半密集地区，最后是农村。在健康方面，情况更复杂。在某些健康方面，城市、城镇和半密集地区的情况好于农村。但城市也容易出现“城市疾病”，如肥胖、压力或空气污染等。在公共基础设施、现代技术和公用设施的获取方面，基本都遵循明显的城市梯度；人口越密集的地区，享用这些服务的机会越大。另外，犯罪与安全是城市中的大问题，家庭暴力在农村地区仍然最严重。

有关数据解释了为什么生活质量随着城市化水平差异而不同，以及为什么城市能提供最高质量的生活。虽然许多因素是生活质量的决定因素，如公共基础设施的获取、医疗卫生或就业机会，但其他一些因素也可能导致不同地区人口之间可见的系统性差异。城市人口和其他地区人口在教育水平、年龄或动机等方面的系统性差异，也可以部分解释生活满意度、生活质量的地理差异。例如，以往的研究表明，不同阶段的年龄对生活满意度的影响是不同的。[20]同样，教育程度（Witter等人，1984[29]；Chen，2012[30]）和就业收入（Di Tella，MaCulloch和Oswald，2001[31]）也会影响人们的生活满意度和生活幸福感。[21]

不同城市化水平的人们在教育水平、年龄和人均收入（附表2.B.1）等关键特征上有很大差异。考虑这些差异对于研究不同城市化水平下的生活满意度十分重要，因为所观察到的生活满意度差异可能反映了不同住区人口组成的差异。[22]城市、城镇和半密集地区的教育水平更高，健康状况更好，经济机会更大，所有这些都能直接影响生活质量，使其吸引了许多有技能的个体。

纵观世界各地，个体和家庭的特征，以及国家的特定因素，都导致了城乡之间相当大的幸福度差距。城市人口对生活满意度的比例，比农村人口高出13%，当考虑到国家某些特定特征（固定效应）时，这一比例差异下降了7.6%；当控制了可观察因素（图2.20）时，比例差异进一步下降到1.8%。当对教育水平、年龄、家庭规模、性别和人均收入等因素进行控制后，城市生活对人们满意度的影响，在统计意义上仍然显著，但已大大降低。然而，城市生活对人们满意度的真正影响，可能大于图2.20的预估数值。城市的教育水平和就业机会更好、更多，而且有不同类型的行业和服务部门（如前文各节所述），因此，生活在城市，会直接影响人们的收入水平和教育水平。故对一些易受城市生活影响的可观察因素进行控制，如年龄、教育或收入等，可以为研究城市（或城镇和半密集地区）生活对人们满意度的实际影响提供一个估值下限。

总之，本章就生活质量进行了分析，并提供了新颖而关键性见解。首先，它记录了世界各地不同城市化水平下生活质量的巨大差异。其次，它解释了为什么城市的生活质量最高，农村地区的生活质量最低。在许多影响生活幸福的要素方面，城市、城镇和半密集地区的人们受益于更好的当地条件，如就业机会、医疗卫生、教育机会、公共服务或现代基础设施的获取。此外，人口年龄、受教育水平或收入等系统性的差异，也有助于解释城市、城镇和半密集地区更高的生活质量。因此，本章不仅阐明了地理位置因素对生活质量的重要性，而且解释了各国生活质量差异的原因。同时，本书还有助于从地理位置因素的角度，进一步对与生活质量有关的可持续发展目标进行解读。

图2.20　回归分析：基于城市化水平的生活满意度分析

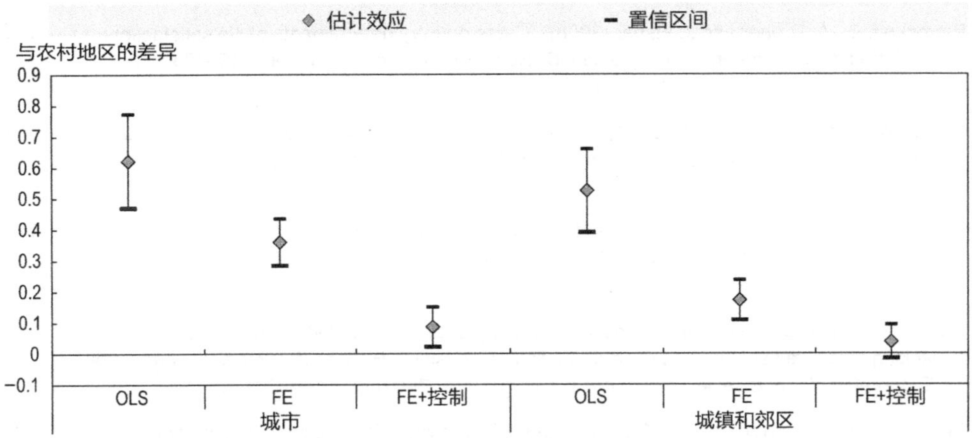

注：附件2.C详细解释了基础回归分析结果，农村地区的生活满意度是基线结果。该图显示了基线和置信区间的影响。观察量（目标量）用Gallup提供的个体权重加权。标差可靠，且集中在国家层级。
OLS表示普通最小二乘回归。FE表示有限元回归，包括国家固定效应。
“FE+控制”栏所显示的结果，额外控制了家庭和受访者的特征。
资料来源：所有数据来自Gallup（2017 [14]），*Gallup全球民意调查，2016～2017*，https://www.gallup.com/analytics/232838/world-poll.aspx；经合组织制定，2019。

最后，本章论证了城镇和半密集地区具有其独特的性质，并对政策领域的城乡接合部提出了深刻的看法。在影响生活质量的诸多方面，特别是经济机会和医疗卫生、公用设施等公共服务的供给，城镇和半密集地区介于城市和农村之间，这意味着城镇和半密集地区可以发挥重要的连接纽带的作用，有助于平衡所有区域的经济增长和生活质量（经合组织，2019 [32]；即将出版 [33]）。城镇和半密集地区可以促进城乡联系，尤其是在发展中国家，作为沟通农村与城市的桥梁（经合组织/PSI，2020 [34]）。

参考文献

Ahrend, R. et al. (2017), "What Makes Cities More Productive?: Agglomeration economies and the role of urban governance: Evidence from 5 OECD Countries", *OECD Productivity Working Papers*, No. 6, OECD Publishing, Paris, https://dx.doi.org/10.1787/2ce4b893-en. [19]

Ahrend, R. and A. Lembcke (2016), "Does It Pay to Live in Big(ger) Cities? : The Role of Agglomeration Benefits, Local Amenities, and Costs of Living", *OECD Regional Development Working Papers*, No. 2016/9, OECD Publishing, Paris, https://dx.doi.org/10.1787/e0490ba8-en. [16]

Balk, D. et al. (2004), "A spatial analysis of childhood mortality in West Africa", *Population, Space and Place*, Vol. 10/3, pp. 175-216, https://doi.org/10.1002/psp.328. [9]

Bjornskov, C., A. Dreher and J. Fisher (2008), "Cross country determinants of life satisfaction: Exploring different determinants", *Social Choice and Welfare*, Vol. 30, pp. 119–173, https://doi.org/10.1007/s00355-007-0225-4. [36]

Blanchflower, D. and A. Oswald (2011), "International happiness: A new view on the measure of performance", *The Academy of Management Perspectives*, Vol. 25/1, pp. 6-22, https://doi.org/10.5465/amp.25.1.6. [37]

Boarini, R., F. Murtin and P. Schreyer (2015), "Inclusive Growth: The OECD Measurement Framework", *OECD Statistics Working Papers*, No. 2015/6, OECD Publishing, Paris, https://dx.doi.org/10.1787/5jrqppxjqhg4-en. [24]

Brueckner, J. and S. Lall (2015), "Cities in developing countries: Fueled by rural-urban migration, lacking in tenure security, and short of affordable housing", *Handbook of Regional and Urban Economics*, No. 5, Elsevier, https://doi.org/10.1016/B978-0-444-59531-7.00021-1. [27]

Bryan, G. and M. Morten (2019), "The aggregate productivity effects of internal migration: Evidence from Indonesia", *Journal of Political Economy*, Vol. 127/5, pp. 2229-2268, https://doi.org/10.1086/701810. [17]

Card, D. (1999), "The causal effect of education on earnings", *Handbook of Labor Economics*, No. 30, Elsevier, http://davidcard.berkeley.edu/papers/causal_educ_earnings.pdf. [20]

Chauvin, J. et al. (2017), "What is different about urbanization in rich and poor countries? Cities in Brazil, China, India and the United States", *Journal of Urban Economics*, Vol. 98, pp. 17-49, https://doi.org/10.1016/j.jue.2016.05.003. [2]

Chen, W. (2012), "How education enhances happiness: Comparison of mediating factors in four East Asian countries", *Social Indicators Research*, Vol. 106/1, pp. 117-131, https://doi.org/10.1007/s11205-011-9798-5. [30]

Combes, P. et al. (2019), "Unequal migration and urbanisation gains in China", *Journal of Development Economics*, https://doi.org/10.1016/j.jdeveco.2019.01.009. [4]

Corker, J. (2017), "Fertility and child mortality in urban west africa: Leveraging geo-referenced data to move beyond the urban/rural dichotomy", *Population, Space and Place*, Vol. 23, http://dx.doi.org/10.1002/psp.2009. [11]

Di Tella, R. and R. MacCulloch (2006), "Some uses of happiness data in economics", *The Journal of Economic Perspectives*, Vol. 20, pp. 25-46, http://dx.doi.org/10.1257/089533006776526111. [38]

Di Tella, R., R. MaCulloch and A. Oswald (2001), "Preferences over inflation and unemployment: Evidence from surveys of happiness", *American Economic Review*, Vol. 91/1, pp. 335-341, http://dx.doi.org/10.1257/aer.91.1.335. [31]

Dorélien, A., D. Balk and M. Todd (2013), "What is urban? Comparing a satellite view with the demographic and health surveys", *Population and Development Review*, Vol. 39/3, pp. 413-439, https://doi.org/10.1111/j.1728-4457.2013.00610.x. [8]

Easterlin, R. (1995), "Will raising the incomes of all increase the happiness of all?", *Journal of Economic Behavior and Organization*, Vol. 27, pp. 25-47, https://doi.org/10.1016/0167-2681(95)00003-B. [39]

Ferré, C., F. Ferreira and P. Lanjouw (2012), "Is there a metropolitan bias? The relationship between poverty and city size in a selection of developing countries", *World Bank Economic Review*, Vol. 26/3, pp. 351-382, https://www.jstor.org/stable/41679566?seq=1#metadata_info_tab_contents. [6]

Florczyk, A. et al. (2019), *GHSL Data Package 2019*, https://ec.europa.eu/jrc/en/publication/ghsl-data-package-2019. [10]

Gallup (2018), *Gallup Word Poll 2018*, https://www.gallup.com/analytics/232838/world-poll.aspx. [35]

Gallup (2017), *Gallup World Poll, 2016-17*, https://www.gallup.com/analytics/232838/world-poll.aspx. [14]

Gollin, D., M. Kirchberger and D. Lagakos (2019), "In search of a spatial equilibrium in the developing world", *NBER Working Paper* 23916, http://dx.doi.org/10.3386/w23916. [3]

Gollin, D., D. Lagakos and M. Waugh (2013), "The agricultural productivity gap", *The Quarterly Journal of Economics*, Vol. 129/2, pp. 939-993, https://doi.org/10.1093/qje/qjt056. [1]

Heckman, J. (2006), "Skill formation and the economics of investing in disadvantaged children", *Science*, Vol. 312/5782, pp. 1900-1902, http://dx.doi.org/10.1126/science.1128898. [21]

Henderson, J., S. Kriticos and D. Nigmatulina (2019), "Measuring urban economic density", *Journal of Urban Economics*, https://doi.org/10.1016/j.jue.2019.103188 (accessed on 18 September 2019). [5]

Henderson, V. et al. (2019), "Urbanisation and demographic and health outcomes: Perspectives from a new classification of urban areas". [23]

ICF (2016), *Demographic and Health Surveys (various)*. [22]

International Organization for Migration (2015), *World Migration Report 2015 - Urbanization, Rural-urban Migration and Urban Poverty*, https://www.iom.int/world-migration-report-2015. [15]

Lall, S., C. Timmins and S. Yu (2009), *Connecting Lagging and Leading Regions: The Role of Labour Mobility*, World Bank, https://doi.org/10.1596/1813-9450-4843. [28]

Nikolaev, B. and P. Rusakov (2016), "Eudcation and happiness: An alternative hypothesis", *Applied Economics Letters*, Vol. 23/12, pp. 827-830, https://doi.org/10.1080/13504851.2015.1111982. [40]

OECD (2019), *OECD Regional Outlook 2019: Leveraging Megatrends for Cities and Rural Areas*, OECD Publishing, Paris, https://dx.doi.org/10.1787/9789264312838-en. [25]

OECD (2019), *Principles on Urban Policy and on Rural Policy*, OECD, Paris. [32]

OECD (2018), "RURAL 3.0. A framework for rural development", OECD, Paris. [26]

OECD (2017), *How's Life? 2017: Measuring Well-being*, OECD Publishing, Paris, https://dx.doi.org/10.1787/how_life-2017-en. [12]

OECD (2014), *How's Life in Your Region?: Measuring Regional and Local Well-being for Policy Making*, OECD Publishing, Paris, https://dx.doi.org/10.1787/9789264217416-en. [13]

OECD (forthcoming), *Rural Wellbeing: Geography of Opportunities*, OECD Publishing, Paris. [33]

OECD/PSI (2020), *Rural Development Strategy Review of Ethiopia: Reaping the Benefits of Urbanisation*, OECD Development Pathways, OECD Publishing, Paris, https://dx.doi.org/10.1787/a325a658-en. [34]

Peiró, A. (2006), "Happiness, satisfaction and socio-economic conditions: some international evidence", *Journal of Socio-Economics*, Vol. 35, https://doi.org/10.1016/j.socec.2005.11.042. [41]

Tabuchi, T. and A. Yoshida (2000), "Separating urban agglomeration economies in consumption and production", *Journal of Urban Economics*, Vol. 48/1, pp. 70-84, https://doi.org/10.1006/juec.1999.2157. [7]

Tombe, T. and X. Zhu (2019), "Trade, migration, and productivity: A quantitative analysis of China", *American Economic Review*, Vol. 109/5, pp. 1843-72, http://dx.doi.org/10.1257/aer.20150811. [18]

Witter, R. et al. (1984), "Education and subjective well-being: A meta-analysis", *Educational Evaluation and Policy Analysis*, Vol. 6/2, pp. 165-173, https://journals.sagepub.com/doi/pdf/10.3102/01623737006002165. [29]

注释

1 数据来自Gallup全球民意调查，由来自世界各地区的国家和各收入类别组成。总计，有13%为高收入国家，65%为中等收入国家（32%为中等偏上收入，33%为中等偏下收入），22%为低收入国家。

2 该问题要求受访者对他们目前的生活条件从0到10分进行打分，0分为最坏的生活，10分为最好的生活。如果受访者给出8分及以上的分数，则认定他们对生活满意。

3 按收入类别或世界区域分列的Gallup数据的所有平均数，均为未加权的国家平均数。

4 12个国家的相对差异最大，分别是冈比亚、埃及、阿塞拜疆、塞内加尔、委内瑞拉、保加利亚、毛里塔尼亚、中非共和国、突尼斯、南苏丹共和国、塔吉克斯坦和阿富汗。

5 事实上，即使控制了GDP（人均GDP对数）和收入水平类别（高、中等偏上、中等偏下、低），并按区域或收入类别对标准误差进行聚类，这些差异在回归框架中仍然显著。

6 这些研究基于城市截面调查的线性回归。城市增长参考2000～2015年的人口增长率数据。购买力平价（PPP）中，各国人均GDP的基本回归控制，对区域和收入类别一级的标准误差的聚类具有很强的稳定性。

7 PPP中回归控制了各国人均GDP的对数以及城市和农村的生活满意度水平。

8 结果对排序控制具有很强的鲁棒性，如对个人和家庭特征的控制。

9 Gallup的地理编码取决于电话线的可及性，因此因各国而异。在电话覆盖人口至少80%或电话是传统调查工具的国家，Gallup使用电话调查。在其他国家，Gallup则使用面对面的访谈，提供必要的地理代码信息，并根据城市化水平对其反馈分类。

10 样本涵盖了来自世界各地的国家。总共包括35个撒哈拉以南非洲国家、30个中亚和欧洲国家、21个拉丁美洲和加勒比国家、10个东亚和太平洋国家、8个中东和北非国家、6个南亚国家和1个北美国家。本节提到的111个国家中，其中14个是经合组织成员，包括智利、哥伦比亚、捷克共和国、爱沙尼亚、希腊、匈牙利、以色列、拉脱维亚、立陶宛、墨西哥、波兰、斯洛伐克共和国、土耳其和美国。

11 对DHS调查工作的分析建立在Henderson等人的工作基础上（2019 [23]）。

12 人口与健康调查（DHS）项目收集和传播发展中国家人口与健康的准确数据，具有各国特色：https://dhsprogram.com/。

13 国家细分如下：撒哈拉以南非洲29个国家（安哥拉、贝宁、布基纳法索、布隆迪、喀麦隆、乍得、克罗地亚共和国、科摩罗、科特迪瓦、埃塞俄比亚、加蓬、加纳、几内亚、肯尼亚、利比里亚、莱索托、马拉维、马里、莫桑比克、纳米比亚、尼日利亚、卢旺达、塞内加尔、塞拉利昂、坦桑尼亚、多哥、乌干达、赞比亚和津巴布韦）、南亚3个国家（孟加拉国、印度、尼泊尔）、东南亚4个国家（柬埔寨、缅甸、菲律宾、东帝汶）以及拉丁美洲和加勒比5个国家（哥伦比亚、多米尼加共和国、危地马拉、海地、洪都拉斯）。对于其中一部分国家，可以利用早期的地理编码调查，以便观察随时间的变化。

14 由于生活成本相关的数据有限，本节仅介绍货币工资和货币收入的相关调查结果。

15 Gallup数据不包括受访者的具体职业信息。

16 调查结果显示，基于回归数据，并考虑家庭特征，卫生条件改善与腹泻率降低之间存在显著相关性。

17 受数据所限，其他健康结果仅列举印度。Henderson等人（2019 [23]）研究了成人高血压、哮喘和糖尿病的统计数据。在印度，城市的高血压、哮喘和糖尿病都高于城镇和半密集地区，而城镇和半密集地区的发病率又高于农村。

18 DHS-WHO联合监测计划定义的卫生设施改善，包括以下内容：所有共用和非共用设施，将水冲至管道下水道系统、化粪池、坑厕；通风改良坑厕、带板的坑厕和堆肥厕所。此外，可冲洗到未知位置的设施也被视为改进，但冲洗到已知位置而没有冲洗到下水道系统、化粪池或坑厕的设施则被视为未改进。

19 2000年前后，拉丁美洲和东南亚国家普遍没有可用的人口和健康调查数据，因此，随时间变化的数据分析，仅限于撒哈拉以南非洲和南亚。由于印度2000年的人口和健康调查数据没有地理参照，故南亚的样本只包括孟加拉国和尼泊尔。

[20] 近期研究表明，年龄与幸福度呈U形关系。年龄较小（20岁以下）和年龄较大（50岁以上）的个体生活满意度高于年龄段居中（20～50岁）的个体（Blanchflower和Oswald，2011 [37]）。Nikolaev和Rusakov（2016 [40]）认为，对教育的追求可能会导致短期的成本以及满意度的部分降低，但受教育个体从30岁左右开始，会获得更高水平的幸福。

[21] 除了年龄以外，实证研究还发现，主观幸福感还与一些客观的社会经济因素相关。收入提高个人幸福感（Easterlin，1995 [39]；Peiro，2006 [41]），失业则相反（Di Tella和Mac Culloch，2006 [38]）。结婚或恋爱（Bjornskov，Dreher和Fisher，2008 [36]）与生活满意度呈正相关。

[22] 附件2.B详细解释了为什么排序很重要，以及如何通过计量经济回归，运用微观数据减轻排序的影响。

附件2.A　主要变量描述

附表2.A.1对从Gallup全球民意测验中得出的关键结果和控制变量进行了总结和描述。

Gallup全球民意测验的主要变量　附表2.A.1

变量	问题调查	评价分
生活满意度	请想象有一个梯子，台阶编号从底部0到顶部10。假设梯子的顶部代表你最好的生活，梯子的底部代表你最差的生活。台阶越高，你对生活的感觉越好；台阶越低，你对生活的感觉越差？你认为你当下站在哪一层？哪一层最接近你的感觉？	0分——最差；10分——最好
二元生活满意度	重新编码变量：0~6不满意；7~10满意	0分——不满意；1分——满意
未来的生活满意度	请想象有一个梯子，台阶编号从底部0到顶部10。假设梯子的顶部代表你最好的生活，梯子的底部代表你最差的生活。请大胆地猜测，从现在起5年后，你将会站在哪一层？	0分——最差；10分——最好
生活水平满意度	你对自己的生活水平是否满意？是否所有东西都能买？所有事都能做？	0分——不满意；1分——满意
未来生活水平满意度	现在，你觉得你的生活水平是越来越好还是越来越差？	1分——最差；3分——最好
居住区域满意度	你对你居住的城市或地区满意吗？	0分——不满意；1分——满意
居住区域推荐度	你会把你居住的城市或地区推荐给朋友或同事作为居住的地方吗？	0分——否；1分——是
居住区域的经济状况	你如何评价这个城市或地区的经济状况——优秀、良好、公平或贫穷？	1分——贫穷；4分——优秀
区域未来经济状况	现在，你认为你居住的城市或地区的经济状况整体上是越来越好还是越来越差？	1分——很差；3分——很好
工作流动性	这个国家的人能通过努力工作取得成功吗？	0分——否；1分——是

续表

变量	问题调查	评价分
创业的好区域	你居住的城市或地区是一个创业的好区域吗?	0分——否; 1分——是
教育机会	这个国家的大多数孩子每天都有机会学习和成长吗?	0分——否; 1分——是
健康	你是否有任何健康问题阻碍你做同龄人通常能做的事情?	0分——否; 1分——是
住房承担能力	在你居住的城市或地区，你是否对能负担得起的合适的住房满意?	0分——不满意; 1分——满意
公共交通系统满意度	在你居住的城市或地区，你对公共交通系统是否满意?	0分——不满意; 1分——满意
道路和高速公路满意度	在你居住的城市或地区，你对道路和高速公路是否满意?	0分——不满意; 1分——满意

资料来源：基于Gallup（2017 [14]），*Gallup全球民意调查，2016~2017*，https://www.gallup.com/analytics/232838/world-poll.aspx。

附件2.B 微观数据的优势：解决分类问题

结合111个国家超过163000位个体的信息，对Gallup全球民意调查的微观数据进行分析，可通过在回归框架中，控制个人和家庭特征，来解决分类问题。数据来自2016年和2017年的Gallup全球民意调查。本章节中的回归分析解释了生活满意度差异，包括固定国家效应，以控制任何可能影响结果的个别特征。控制这些因素是必要的，因为城市人口在许多特征上与城镇和半密集地区或农村人口有明显的差异（附表2.B.1）。城市人口平均受教育水平普遍更高。71%以上的城市人口完成了比初等教育更多的学业，但农村地区只有不到一半的人口完成了学业。此外，家庭规模在城市化水平上有很大差异。农村地区的平均家庭规模超过4.5个，相比之下，城镇和半密集地区为3.8个，城市为3.9个。金融方面在城市化水平上也有很大差异。城镇和半密集地区的居民人均收入最高，其次是城市居民，分别比农村地区高82%和56%。最后，就业模式差异也很大，城市与城镇和半密集地区的就业率较高，农村地区则是更多的自营职业者。

不同城市化水平的个体特征差异　　　　附表2.B.1

按城市化水平分列的平均教育、家庭规模和人均收入

变量		农村	城镇和半密集地区	城市	共计
教育水平	n	69041	35264	58486	162791
初等教育或以下（最多8年教育）	份额（%）	51.9	33.6	28.4	39.5
至少中等教育（教育年限9～15年）		41.3	53.3	54.7	48.7
4年大专教育和/或4年大学教育		6.8	13.1	16.9	11.8

续表

变量		农村	城镇和半密集地区	城市	共计
家庭规模	*n*	68964	35277	58285	162526
	平均数	4.5	3.8	3.9	4.1
人均年收入（美元）	*n*	68964	35277	58285	162526
	平均数	3294	5318	5948	4685

注：所提供的统计数据是根据Gallup世界民意调查所列111个国家的所有答复者的简单平均数得出的。
资料来源：基于Gallup（2017[14]），*Gallup全球民意调查，2016～2017*，https://www.gallup.com/analytics/232838/world-poll.aspx；经合组织制定，2019。

附件2.C　微数据分析的回归框架

本章提出的回归分析基于线性回归，如以下方程所描述：

$Y_i = \alpha + \beta_1 DEGURBA_i + \beta_2 X_i + \mu_c + \varepsilon_i$

地点：Y_i表示个体i的结果；$DEGURBA_i$是一个分类变量，指示个体是生活在城市地区、城镇和半密集地区或农村地区；X_i是前面提到的个人可观察控制的清单（6个就业状况模拟；10个年龄段模拟；3个受教育水平模拟；6个婚姻状况模拟；家庭规模；人均年收入）；μ_c是国家固定效应，这一项需要细化到捕捉各个国家难以观测的数据c；ε_i是错误项。β_1是捕捉不同城市化水平之间生活满意度或其他结果变量最终差异的系数。观测结果以调查设计者提供的权重进行加权，标准误差是可靠的，并集中在国家层面。在第二阶段的分析中，一个虚拟变量表示个人是生活在都市区、城市、城镇和郊区，还是生活在农村，该变量取代了城市化水平的指标。

回归分析：基于城市化水平的生活满意度分析　　附表2.C.1

生活满意度（WP16）	DEGURBA			城市与农村		
	OLS	FE	FE-Controls	OLS	FE	FE-Controls
农村	0	0	0	0	0	0
城镇和半密集地区	0.525***	0.172***	0.037			
	0.068	0.032	0.028			
城市	0.0622***	0.359***	0.086***			
	0.077	0.038	0.033			

2 生活在城市、城镇和半密集地区，以及农村地区

续表

生活满意度（WP16）	DEGURBA			城市与农村		
	OLS	FE	FE-Controls	OLS	FE	FE-Controls
都市区				0.585***	0.285***	0.066***
				0.067	0.03	0.025
常量	4.719***	6.739***	3.389***	4.719***	6.743***	3.375***
	0.102	0.023	0.233	0.102	0.022	0.232
N_tot	160314	160314	153503	160314	160314	153503
集聚效应	111	111	110	111	111	110
R^2	0.014	0.136	0.185	0.014	0.136	0.185
国家固定效应	无	有	有	无	有	有
个人控制	无	无	有	无	无	有
Y_mean	5.048	5.048	5.075	5.048	5.048	5.075
Y_sd	2.448	2.448	2.433	2.448	2.448	2.433

注：置信水平：*p<0.10，*p<0.01。OLS表示普通最小二乘回归。FE表示有限元回归，包括国家固定效应。有限元回归控制是指具有固定效应和额外控制的回归。聚类标准误差低于系数。
控制措施：6个就业状况模拟；10个年龄段模拟；性别；3个受教育水平模拟；6个婚姻状况模拟；家庭规模；人均年收入。
观察值用Gallup提供的个人权重加权。标准误差是可靠的，并集中在国家层面。
资料来源：基于Gallup（2018[35]），*Gallup全球民意调查，2018，*https://www.gallup.com/analytics/232838/world-poll.aspx；经合组织制定，2019。

3 经济发展和大都市系统

本章提供了经济发展与大都市区增长之间关系的证据。它审查了生活在大都市区的人口比例如何因国家经济发展而不同，并聚焦结构转型来解释这种差异；分析了生活在大都市区的人口比例如何与经济发展和区域收入差距相联系；最后，审查了作为区域差异驱动因素的人力资本和大都市区人口迁移之间的相关性。

关键信息

- 城市化与经济发展齐头并进。总体而言，人均国内生产总值（GDP）较高的国家往往城市化水平更高，特别是在大都市人口方面。生活在100万以上大都市区的人口比例，高收入国家（47%）比低收入国家（12%）高约4倍。这证实了一种观点，即虽然城市化不一定导致经济发展，但没有城市化，经济发展也就不会发生。
- 在发达经济体中，历史上城市化是农业向制造业的结构性转变的同时发生的，最近是向服务业的转变。因此，人口在空间上的分布与国家的经济结构有关。例如，在欧洲和经合组织国家，都市区服务业比重较高，居住人口比例也较大，两者通常是相伴而成的。
- 然而，在较不发达的经济体中，城市化与结构转型之间并未有明确的联系。亚洲主要通过工业化进程实现城市化，但非洲、拉丁美洲和中东的许多国家已经采取了不同的城市化道路，即依托于资源禀赋。
- 在国家内部，大都市人口在都市区的分布因国家的经济发展而不同。在中等收入国家，少数大都市区的主导地位使都市人口更加集中。在高收入国家，大都市系统在空间上更加平衡，更多的大都市区较均衡地分布在整个领土上。因此，区域经济差距因经济发展水平不同而不同。这一差距在中等收入国家中是最大的，其中最大的都市地区的人均GDP是最小都市地区的两倍。
- 各国境内不同模式的迁移和人力资本积累似乎推动了空间差异。大都市人口比例较大的地区比大都市人口比例较小的地区的净迁移率高。以人口受教育年份衡量的人力资本积累在大都市区也较高，欧洲和经合组织国家之外的地区这一情况要更显著。在那里，生活在最大都市区的居民平均比最小都市区的居民受教育的时间多近2.6年。

经济发展和人口在空间上的分布

城市化与经济发展齐头并进

过去几十年来，许多国家，特别是发展中国家的人口地域分布发生了巨大变化。人口增长加上城市化率的逐步提高，导致一些城市规模扩大、另一些城市人口减少、全新城市出现。在过去20年中，非洲和亚洲的人口增长特别迅速。在1990 ~ 2015年期间，居住在人口超过1000万的城市的人口增加了一倍以上，出现这一情况的10个城市中，包含亚洲的7个城市，以及伊斯坦布尔、拉各斯和德黑兰（详见第4章）。

尽管发展中国家的城市化急剧增加，但人均GDP［购买力平价（PPP），2011年，美元］较高的国家更倾向于城市化，这一发现在1975 ~ 2015年期间都大致相同。更具体地说，根据2015年168个国家的数据，人均GDP与城市化水平之间一直存在着统计意义上的显著相关。后者包括居住在大都市区、仅在城市或城市、城镇和半密集地区的人口比例。本书中的“大都市区”一词被用作城市功能区（FUAs）的缩写，即城市及其通勤区。[1]虽然人均GDP与三种城市化水平均呈正相关，但当考虑大都市区人口的比例时，二者相关性最强（附件3.A进行详细说明）。此外，从理论上看，似乎最合适的做法是研究城市发展与城市劳动力市场部分人口比例之间的联系，即居住在大都市区的人口比例。

因此，本章旨在描述经济发展与人口在大都市区（超过5万人口）的空间分布之间的关系。[2]这种关系通过不同的空间尺度和不同的利益视角进行研究。城市化和经济发展往往是齐头并进的，这一事实提出了一个问题，即谁推动另一个。我们有充分的理由相信因果关系是双向的。人们普遍认为，虽然各国城市化并不一定意味着它们将得到发展（Henderson，2010 [1]），但是如果没有城市化，可持续的经济增长也就不会出现。

较高的发展水平与较大的都市区相对应

随着国家的发展，生活在大都市区的人口比例增加，最大的城市相对更多。一个国家生活在大都市区的人口比例，低收入国家仅为34%，而高收入国家为71%（图3.1）。在低收入和高收入国家之间，大都市区人口份额的相对差异随着大都市区的规模而增加。在不同收入类别中，居住在人口不超过100万的大都市区的人口比例大致相同，但居住在人口超过100万的大都市区的人口比例，在高收入国家大约是低收入国家的4倍。更引人注目的是，拥有500多万人口的大都市区的人口比例，在高收入国家大约是低收入国家的13倍。更准确地说，当从低收入国家转向高收入国家时（图3.1从左到右），居住在500多万人口的大都市区的平均人口比例从2%增加到22%。相比之下，生活在人口不足25万的大都市区的平均人口比例随着经济发展而减少：低收入国家的14%减半到高收入国家的7%。这一模式对于控制四个收入类别潜在的国家规模是强有力的（见附件3.B）。

总体而言，大都市区越大，往往与国民经济发展越相关。在某种程度上，这可能是这些地区结构转型进程加快的结果。

随着时间的推移，经济发展与大都市区人口比例之间也存在着正向关系。

图3.1　大都市区的经济发展和人口（2015年）

按收入群体分列的不同规模的大都市区人口比例

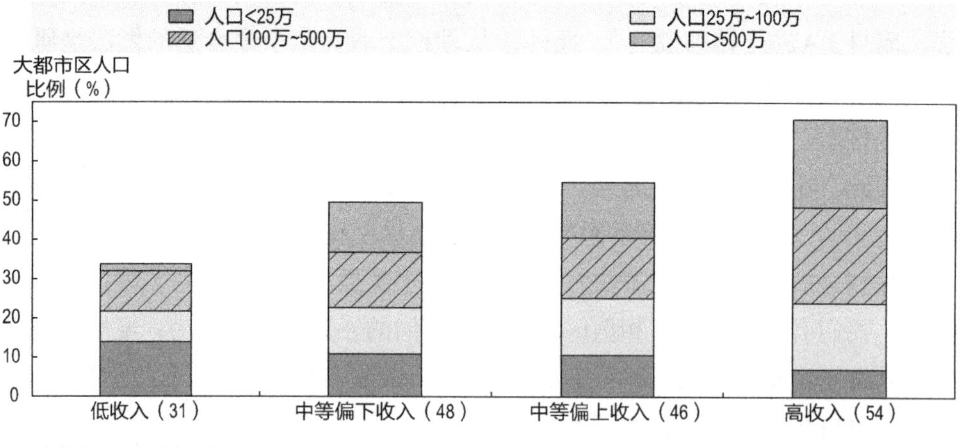

注：大都市区是指城市功能区（FUAs），由至少5万人口的城市加上其通勤区组成。每个收入类别中的国家数目列于括号内。本图显示了每个大都市区规模类别的总人口除以每个收入类别的总人口的比例值（结合世界银行2015年收入类别定义）。当减少对城市人口比例的关注时，我们会发现1990年和2000年的大都市区人口比例也存在类似的模式。

资料来源：经合组织根据世界银行的GDP数据和2019年GHSL数据包中的人口数据计算，Florczyk，A.等人（2019[2]），*GHSL数据包2019（数据库）* http://dx.doi.org/10.2760/06297。

Stat Link https://doi.org/10.1787/888934130303

基于1990年、2000年和2015年的GDP数据和人口数据的面板分析，随着时间的推移，更高的经济增长和更大比例的大都市区人口是相关的（见下文）。在处于低发展阶段和中等偏下发展阶段的国家，经济发展与都市区人口比例之间的这种相关性特别强。

城市化水平与经济发展有关的经济学理论解释

传统经济学长期以来一直从结构转型的角度看待城市化进程。当国家发展时，它们的经济部门经历了结构性变化，从而实现城市化。特别是人口、就业和生产的空间分布随着经济发展而变化（Desmet和Henderson，2015[3]）。结构转型理论指出，向现代经济增长的过渡与农村向城市的人口迁移有着内在的联系，农村农业就业份额下降，向城市制造业和服务业转移（Rostow，1960[4]）。因此，在经济发展的同时有两个城市化转变的原因。首先，农业生产率的提高释放了农村劳动力，并带动城市就业。第二，工业部门的崛起（如国际贸易驱动的行业），拉动资源向城市集中（Gollin，Parente和Rogerson，2002[5]；Michaels，Rauch和Redding，2012[6]；Jedwab，Christiaensen和Gindelsky，2017[7]）。

另外的观点强调了技术进步在推动城市化方面的重要性，例如，下水道、农业生产力的激增、高层建筑或城市交通是允许城市化水平提高的因素。在运作良好的城市中的聚集效益（见引文3.1）和不断的创新将推动经济发展。伴随着这一变化的是行业转型，就像人们从农村搬到城市中心一样，通常从农业转向制造业和服务业（Henderson，2010[1]；Duranton，2015[8]；Glaeser，2014[9]；Jedwab和Vollrath，2015[10]）。这些非农行业生产力增长率很高，集聚效应也进一步促进了经济增长。

经济发展和城市化之间的因果关系更趋于是双向的。也就是说，随着国家的发展，它们变得更加城市化，这反过来又推动了经济发展。这种良性循环的例子包括18世纪至19世纪的欧美国家，从20世纪中期开始的日本和韩国，以及中国和印度，后两国始于近期（Glaeser等人，1992[11]；Duranton，2008[12]；Glaeser和Gottlieb，2009[13]）。

专栏3.1 集聚经济

在城市中，集聚经济产生是因为一些经济要素决定企业和家庭之间的相对位置，距离越近，获益越高。（经合组织，2015[14]；Collier，Jones和Spijkerman，2018[15]）。创造集聚效益的机制可以大致分为三组：共享、匹配和学习（Duranton和Puga，2004[16]；de la Roca和Puga，2017[17]）。

许多公司共享设施或投入，产生了提供某些固定成本高的货物和服务所需的临界质量（例如，大型基础设施）。更大的劳动力市场导致雇主和雇员之间更好地匹配，从而提高了生产力。最后，技术溢出使企业能够向附近的其他企业学习最新的生产方法。在较大的城市，类似行业有更多的企业存在，产生更多的机会学习，并采用最有效的生产方法。此外，在现有成功公司聚集的地方，获得融资和风险资本的机会可能更大。

总体而言，集聚经济可以产生巨大影响。经合组织的测算表明，如果人口数量增加一倍，生产率将提高2%～5%，这与可比研究结果一致（Ahrend等人，2014[18]；Combes，Duranton和Gobillon，2011[19]）。其他最近的研究发现，在非洲和其他发展中经济体（Henderson，Nigmatulina和Kriticos，2018[20]），测算值更大，这可能对当今迅速城市化的国家尤为重要。然而，集聚经济也会造成不利因素和具体成本，从而阻碍向城市迁移。更高的土地、住房和生活成本可以抵消部分居住在城市的好处。此外，随着城市规模的扩大，空气污染或拥堵等因素增加，进一步减少了集聚的好处。

资料来源：经合组织（2015[14]），都市世纪：理解城市化及其后果，https://dx.doi.org/10.1787/9789264228733-en；Collier，P.，P.Jones和D.Spijkerman（2018[15]），城市作为增长引擎：来自全球城市新样本的证据；Duranton，G.和D.Puga（2004[16]），"城市群经济的微观基础"，http://dx.doi.org/10.1016/S0169-7218（04）07048-0；Ahrend，R.等人.（2014[18]），"是什么使城市更具生产力？来自五个经合组织国家的城市治理的证据"，https://dx.doi.org/10.1787/5jz432cf2d8p-en；Combes，P.，G.Duranton和L.Gobillon（2011[19]），"确定集聚经济"，http://dx.doi.org/10.1093/jeg/lbq038；Henderson，J.，D.Nigmatulina和S. Kriticos（2018[20]），衡量城市经济密度，http://dx.doi.org/10.1596/1813-9450-8678。

尽管有发达国家的支持证据，但结构转型不再是许多发展中国家城市化的主要原因。特别是在撒哈拉以南非洲，高度城市化并未伴随工业化。在这些国家，城市化的发展并没有伴随明显而有竞争的制造业发展（Henderson和Kriticos，2018[21]）。[3]最近的一项研究表明，自然资源开发的收入效应推动了非洲大陆许多国家（Gollin，Jedwab和Vollrath，2016[22]）没有工业化的城市化。其他研究表明，基于多种原因，如内战、农村基础设施和服务匮乏、气候多变性而形成的农村贫困导致大量人口迁移到非洲城市（Fay和Opal，1999[23]；Collier等人，2010[24]；Henderson，Storeygard和Deichmann，2016[25]）。此外，城市高生育率和低死亡率相结合，在城市化驱动因素中起着主导作用（Jedwab和Vollrath，2019[26]）。最后，结构变化似乎发挥了不同的作用，在非洲和拉丁美洲许多资源丰富的国家，劳动力已经进入低生产率行业或非正式行业，而不是高生产率行业（McMillan，Rodrik和Verduzco-Gallo，2014[27]）。以下三节提供了结构转型对城市化的相关性的证据，并分别审查了发展中国家和发达国家，同时进一步区分了资源出口型发展中国家和非资源出口型发展中国家。

结构转型正在发挥作用

如前所述，各国经济结构与其经济发展不同。世界上，人均GDP较高国家农业在经济中份额较低、制造业和服务业份额较高（图3.2）。事实上，宏观经济文献证明，现代经济增长与经济从农业到制造业和服务业的转型有着内在的联系，（Herrendorf，Rogerson和Valentinyi，2014[28]）。虽然随着经济的发展，农业的减少和服务业的增加是稳定的，但制造业的表现却不同。它在经济中的份额呈驼峰形状。它会随着较低的发展水平而增加，在某一时刻达到高峰，然后随着较高的发展水平而开始下降。不同行业之间的经济转型意味着人口、就业和生产过程的空间分布发生变化，其中一些变化将有利于城市化。当前的大多数发达经济体在伴随工业革命的第一波城市化浪潮中经历了这条道路。18世纪以前，英国在创新驱动下提高了农业生产力，并蔓延到欧洲的其他地区，使得一批工人从农业转移到制造业。由于可以从同样数量的土地上维持更多的人口，可居住人口增加，加速了城市化发展（Allen，2012[29]）。然而，城市化本身通常会导致行业活动的转移，例如，导致服务业在经济中的比重增加。

图3.2　随着国家发展，经济结构组成发生变化
按收入类别分列的每种经济结构的平均增加值（占三种结构总增加值的份额）

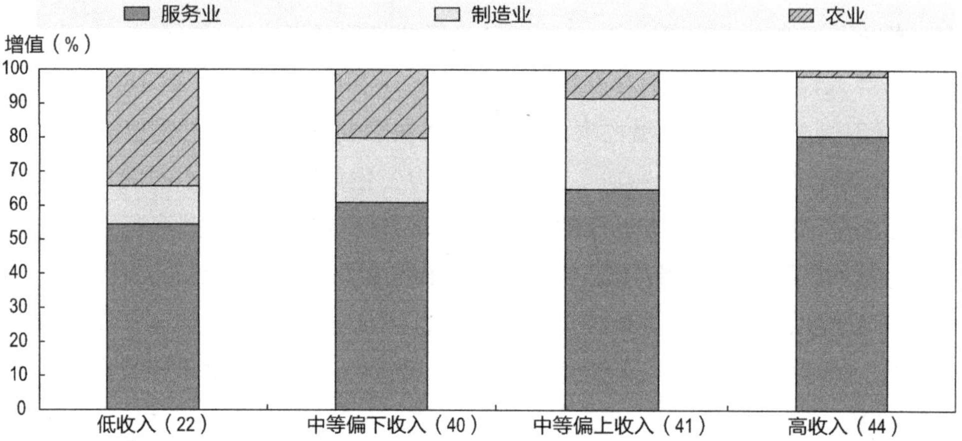

注：数据为2015年的数据。只包括有行业信息的国家。每个类别的国家数目在括号内列出。首先，对每个国家，计算每个行业的增值份额。然后，按国家2015年所属的收入类别计算人口加权平均数时，考虑这些数值。
资料来源：经合组织根据世界银行的结构组成数据计算。

城市化背景下的制造业与服务业

在城市化背景下，制造业和服务业的相对重要性取决于各国的经济发展和各自的城市化起点。在那些处于工业化前沿的国家，制造业的就业比例早在20世纪上半叶就达到峰值（经合组织，2015 [14]）。在当今发达经济体中，大都市区的人口比例与服务业的重要性呈正相关，与制造业在经济中的重要性呈负相关（图3.3）。[4]

当前的发达经济体过去大多经历了工业化，而现在的大都市区普遍依赖第三产业来发展。这是由两个因素导致的。城市人口通常比农村人口消费更多的服务，这意味着伴随城市化的服务业转型。同时，由于服务业受益于集聚经济、信息技术的发展以及城市及其通勤区提供的各种便利设施，较大的服务业可能导致大都市区人口的增加。[5]这与以下观察相一致：相对而言，制造业密集程度较高的发达国家往往拥有较小的都市区，部分原因是制造业在空间上更加分散，而服务业在空间上更加集中（Desmet和Henderson，2015 [3]）。

图3.3 欧盟和经合组织国家的结构转型和大都市系统（2015年）
拥有较大都市区的富裕国家的服务业基础更雄厚

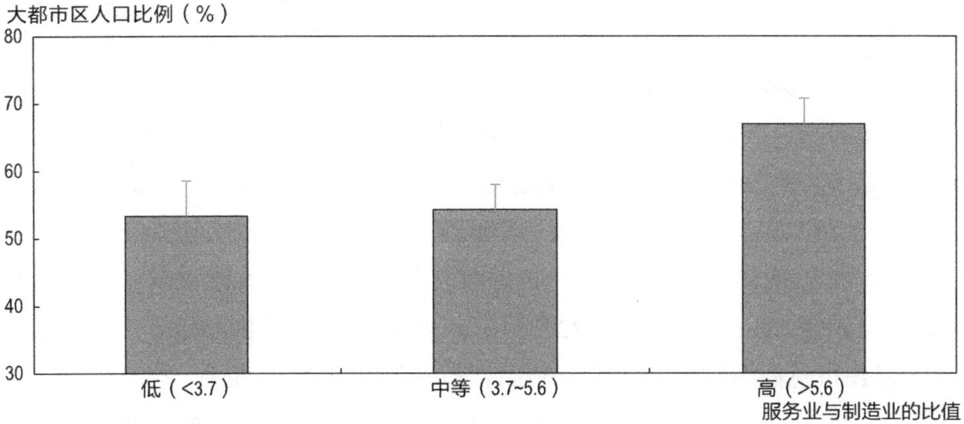

注：国家价值的未加权平均值。横向类别是三种类型的服务业和制造业增值份额比例。只包括有行业信息的国家。90%置信区间。世界银行界定的高收入国家也取得了类似的结果。
资料来源：经合组织根据世界银行的结构组成数据和2019年GHSL数据包中的人口数据计算，Florczyk,A.等人，（2019 [2]），*GHSL数据包2019（数据库）*，http://dx.doi.org/10.2760/06297。

发展中国家的经验模式与发达经济体的经验形成对比。对于发展中国家来说，更多的都市区人口与更以服务业为基础的经济之间没有明确的联系（相对于制造业，见附件3.C）。与发达国家相比，有两个因素可以解释。第一，对于大多数正在工业化的发展中国家来说，工业化发生得比发达经济体晚，因此制造业在推动这些地方的城市化方面仍然发挥着重要作用。第二，在许多发展中国家，特别是在非洲，以及在拉丁美洲，自然资源的存在削弱了结构转型与都市系统形态之间的联系。在这些资源丰富的国家中，许多国家从来没有完全经历过工业化，而是直接从农业过渡到服务业，其中大多数是非贸易的、低附加值的服务，且通常在非正式经济中（McMillan，Rodrik和Verduzco-Gallo，2014 [27]）。下一节将更详细地介绍这些资源富裕的发展中国家似乎走了一条不同的城市化道路，其结构变化明显不同于早期城市化的高收入国家和亚洲国家，如中国。

另一条道路：没有工业化的城市化

工业化和城市化不一定需要齐头并进。最近的一些研究表明，可能会出现不同的城市化道路，就像许多拥有大量自然资源的非洲和中东国家一样

（Gollin，Jedwab和Vollrath，2016[22]；Collier等人，2010[24]）。生产力冲击使工人进入资源行业，并脱离农业和贸易行业。自然资源开采所产生的剩余收入反过来又会引起对城市商品和服务需求的强烈增加（相对于粮食），特别是政府将自然资源开采所得税收转移给城市人口，这种情况也会往往出现。这一增加的需求主要通过进口来满足（城市服务除外，这些服务是当地生产的）。因此，城市化是通过消费驱动的，即"消费城市"，而不是生产（Lall，Henderson和Venables，2017[30]）。事实上，来自全球统一的大都市区定义的证据证实，在较不发达的经济体中，自然资源出口份额较高的国家生活在大都市区的人口比例较大（附表3.C.1第3栏）。在82个国家的抽样中，大都市区人口与资源出口（占商品出口总额的份额）之间存在统计学意义上的显著正相关。[6]

虽然经济发展与资源出口型发展中国家和非资源出口型发展中国家的都市区面积之间存在正相关，但形成都市系统的过程在这些经济体之间有很大的不同（附表3.C.1第4栏）。对于那些相对较少依赖自然资源出口的国家来说，工业化（以制造业在经济中的份额来衡量）与大都市系统的规模密切相关。相比之下，对于资源出口国来说，生活在大都市区的人口比例相对较高，这一比例与制造业的规模无关（见附图3.C.2）。近期的研究支持这一发现。在非洲和拉丁美洲，自然资源在许多国家的出口中占很大份额，诸如自然资源开采或某些制造业部门等相对生产性部门无法吸收农业剩余劳动力（McMillan，Rodrik和Verduzco-Gallo，2014[27]）。相反，工人们大多转向了生产率较低的服务业和非正式行业。

总的来说，这些发现符合两种广泛讨论但截然不同的城市化道路，即非洲与亚洲以及拉丁美洲部分地区的不同经历。在东亚和南亚，各国主要通过工业化进程实现城市化。最近，这些国家越来越多地过渡到服务经济。相比之下，撒哈拉以南非洲和拉丁美洲的许多国家没有经历明显的结构转型。非洲和拉丁美洲资源丰富的国家实现城市化往往没有发展强有力的制造业部门，也不是由资源租金驱动。在这些国家，结构变化可能没有像亚洲那样增长，因为劳动力没有转向高生产率活动，且往往最终导致低生产率活动，特别是在非正式行业（McMillan，Rodrik和Verduzco-Gallo，2014[27]；经合组织，2016[31]）。令人鼓舞的是，证据表明，至少在非洲，结构变化对生产力的影响已经过了一个转折点，近年来对总体生产力的增长作出了积极贡献（McMillan，Rodrik和Verduzco-Gallo，2014 [27]）。

区域经济发展和大都市系统

人口在大都市区的分布随经济发展而不同

经济发展与都市区人口份额之间的正相关使得都市区人口在不同发展阶段的空间分布成为一个问题。不断增长的大都市区人口可能会导致均匀分布和低集中的大都市系统，其特征是类似的中型大都市区。同时，它也可能导致一个不平衡和高度集中的大都市系统，一个或几个人口稠密的大都市区和许多较小的地区可能出现。

在世界各地，一个国家的发展阶段与大都市区人口在不同大都市区的集中之间存在着非线性关系。少数大都市区相对于其余大都市区的主导地位，往往从发展的低阶段增长到发展的中间阶段。对于较富裕的国家来说，大都市系统更加平衡，大都市区人口较少集中在少数大都市区。图3.4这种非线性模式使用基尼指数来测量大都市区人口的空间集中。[7]这些结果适用于使用不同的集中度量，如大都市区人口的变异系数、Herfindahl-Hirschman指数（HHI）以及该国最大的10个大都市区的Zipf定律中的等级和人口系数。[8]

少数大都市区的存在，而不是单一大都市区占主导地位，这最好地解释了处于发展中间阶段的国家都市区人口更集中的原因。回归分析证实了这一首要地位，即，最大的大都市区在全国大都市区人口中的份额，随着收入的增长，首先增加，然后减少。然而，最大和第二大都市区之间的比例却不是。这表明，并非最大的都市区与随后的都市区之间的差异驱动了都市区集中与经济发展之间的倒U形相关。相反，更有可能是少数大都市区主导其余较小的地区。[9]

图3.4中描述的经济发展与大都市系统集中的非线性关系，往往被描述为一个区域发展问题。随着各国的城市化，城市化进程首先在少数几个主要人口集中的地区展开（下一节将更多地讨论）。随着经济的进一步发展，可能会有更大的区域趋同。根据Barro和Sala-i-Martin（1991 [32]）的研究，这种区域趋同将由落后地区的追赶驱动。

在某种程度上，经济增长与大都市区人口集中之间的关系也可能反映出从农业向制造业的过渡，随后或在没有直接深远工业化的情况下，各国发展时可能经历向服务经济的过渡。如果不同行业对空间的地理利用不同，那么一个国家的总体空间组织将随着不同行业的相对重要性的变化而变化。特别是，从农业转向制造业，可能造成都市区人口分布不平衡。区位优势以及集聚经济，可以解释只有少数几个大都市区的形成和持续增长，与其他落后地区相比，它们经历了快速工业化。例如，历史上靠近农业用地、自然资源或通航水道，是大都市区出现的第一重要因素。后来，集聚经济使企业和工人方便地向现有的高密度区域移动，从而创造良性循环。这种伴随国家从低收入到中等收入水平的过渡，有助于描述大都市区人口基尼系数与人均GDP之间的初始正相关关系（图3.4浅灰色显示部分）。

图3.4　经济发展和大都市区人口的集中

基尼系数越高，表明一个国家都市区人口越集中

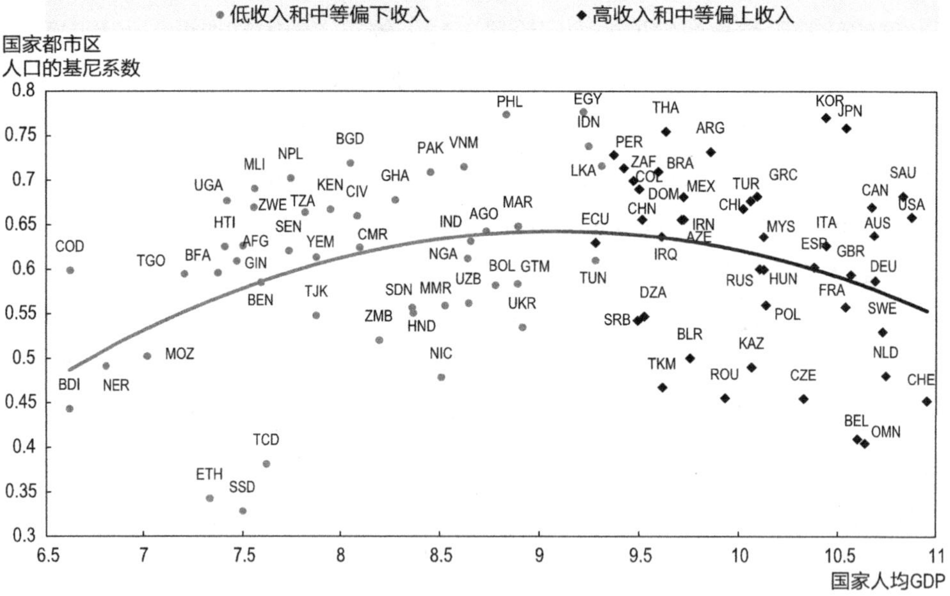

注：包括89个国家。为了对基尼系数进行有意义的解释，含有少于10个大都市区的国家被排除在计算之外。回归的R^2，包括对数（国家人均GDP）及其二次值0.12，基尼系数达到最大值时的人均GDP估测值近10000美元。当使用大都市区人口的变异系数而不是基尼指数时，得到了类似的结果。

资料来源：经合组织根据世界银行的数据和2019年GHSL数据包中的人口数据计算，Florczyk,A.等人，（2019 [2]），*GHSL数据包2019（数据库）* http://dx.doi.org/10.2760/06297。

Stat Link https://doi.org/10.1787/888934130322

然而，即使在特定行业板块内，空间的地理利用也可能随着时间的推移而变化，因为每个行业板块发展都会从年轻到成熟。例如，如上所述，欧洲国家和美国在过去几十年中经历了制造业的分散和服务业的更大集中。部分原因是，经济活动在地理上趋于集中，更年轻的行业更容易从知识溢出中获益（Desmet和Henderson，2015 [3]）。因此，随着制造业在空间上变得更加分散，中小城市地区的人口可能增加，弥补现有的不平衡。这种转变更有可能发生在更先进的发展阶段，这是基尼系数与人均GDP（图3.4深灰色部分）之间负相关的可能解释。正如上一节所指出的，非洲的许多发展中国家和拉丁美洲的某些国家走的城市化道路与北美、亚洲和欧洲事先就这样做的大多数国家不同。他们没有进行深远的工业化，也没有大幅提高生产率，就实现了城市化。这一明显不同的案例，特别对非洲国家提出了一个疑问，即今天的低收入国家是否会在发展过程中遵循同样的轨迹，形成一个更平衡的大都市系统。

专栏3.2　收入不平等和大都市区人口的集中

Williamson（1965 [33]）的一部优秀文学作品审视了地区发展和空间的联系，以及整体人均收入的不平等。在过去30年里，大多数经合组织国家内的收入不平等一直在加剧，全球金融危机也在进一步拉大不平等和贫困率（经合组织，2015 [34]）。不平等的加剧不仅与其他宏观层面的趋势有关，如全球化或技术进步，也与大都市区的演变有关（Hamnett，1994 [35]）。

在发达经济体中，大都市区人口在国内的空间集中度与公民的人均收入不平等程度呈明显的正比关系（图3.5）。以大都市区人口基尼系数来衡量，大都市系统较为不平衡的国家，其个人收入基尼不平等指数往往较高。当纳入国家人均GDP和总人口等控制措施时，结果仍然显著。重要的是，这正比关系并不代表着因果关系，因为许多省略的因素可能同时影响这两个变量。然而，可以概述一些推断来解释这一发现。

在经合组织国家，较大的大都市区收入不平等程度较高（Boulant，Brezi和Veneri，2016 [36]）。因此，以少数大都市区占主导地位的国家，其余较小的地区总体上可能表现出较高程度的人均收入不平等。事实上，高技能工作与低技能工作之间的差距在大都市区往往会扩大，而全球化对劳动力两极化的影响是严峻的（经合组织，2016[37]）。此外，社会地位的高下、大都市区富人和穷人居住区的明显分离，也与收入不平等密切相关（经合组织，2018[38]）。

在较大的大都市区，由于集聚经济而产生的高生产率收益也可能意味着大都市区人口的不平等分布，可能转化为国家内部各区域之间的经济差异，这是人均收入整体不平等的一个关键原因（Milanovic，2005[39]）。在这方面，最近的研究表明，在美国，个人收入的变化与空间分布息息相关。1970~2010期间的大部分时间，收入不平等一直在增加，且主要由于个人工作所在机构之间的收入不均所致，而不是机构内的个人收入差异所致（Barth等人，2016[40]）。

大都市区人口分布的不均衡也可能与其他社会经济因素有关，而这些因素反过来又可以解释人均收入的不平等。举例来说，如一个国家的经济发展水平或贸易开放程度、财政和政治权力下放程度以及语言、种族隔离程度等（Ezcurra和Rodriguez-Pose，2017[41]）。此外，信任缺失、社会和政治稳定、内部冲突都可能与人口和收入空间上的分配有关（Kanbur和Venables，2005[42]）。

图3.5 发达国家的收入不平等和空间集中

基尼系数越高，表明人均收入不平等程度（垂直轴）越高，或该国都市区人口集中度（水平轴）越高

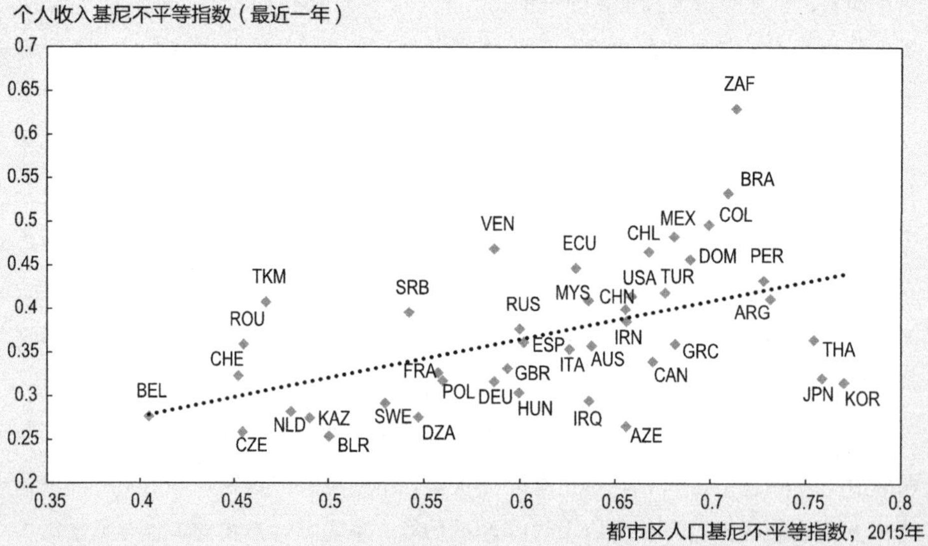

注：只包括高收入和中等偏上收入的42个国家。此外，在计算都市人口基尼指数时，都市区不到10个的国家被排除在外。基础回归系数为0.44，相关R^2为0.26。结果有力地反映了将国家人均GDP和总人口纳入其中的情况。
资料来源：经合组织根据世界银行的可支配家庭收入不平等数据和2019年GHSL数据包的人口数据计算，Florczyk,A.等人，（2019 [2]），*GHSL数据包2019（数据库）* http://dx.doi.org/10.2760/06297。

最后，对观察到的关系的另一个合理的解释是，如果存在更大的人均收入不平等，那么搬到大都市区的预期回报就会更高。如果不平等程度很高，而且这些工作主要分布在大都市区，特别是最大的都市区，则分布上端的工作更有价值。因此，在这一观点中，一个国家收入不平等程度较高，可能会影响空间上的人口分布。

资料来源：Williamson，J.（1965 [33]），“区域不平等与国家发展进程：模式描述”，经济发展与文化变化，第一卷，13/4，pp.1–84；经合组织（2015 [34]），减少不平等的好处，https://dx.doi.org/10.1787/9789264235120–en；Hamnett，C.（1994 [35]），“全球城市的社会两极化：理论与证据”，http://dx.doi.org/10.1080/00420989420080401；Boulant，J.，M.Brezzi和P.Veneri（2016 [36]），“大都市区的收入层级与不平等：来自经合组织国家的比较研究”，https://dx.doi.org/10.1787/5jlwj02zz4mr–en；经合组织（2016 [37]），让城市为所有人服务：数据和行动促进包容性增长，https://dx.doi.org/10.1787/9789264263260–en；经合组织（经合组织，2018 [38]），经合组织（2018），分裂的城市：理解城市内部不平等，https://dx.doi.org/10.1787/9789264300385–en；Milanovic，B.（2005 [39]），全球相隔：全球不平等评估，普林斯顿大学出版社；Barth，E.等人（2016 [40]），“这是你工作的地方：增加美国各机构和个人的收入分散”，http://dx.doi.org/10.1086/684045；Ezcurra，R.和A.Rodriguez–Pose（2017 [41]），“种族隔离是否与空间不平等有关？”，http://dx.doi.org/10.1093/jeg/lbx007；Kanbur，R.和A.Venables（2005 [42]），空间不平等与发展，http://dx.doi.org/10.1093/0199278636.001.0001。

随着经济发展，人口比例最高和最低的都市区之间的收入差距越来越小

通常而言，一个国家内各区域之间总会存在经济差距，且不单是简单的收入不平等，同时体现在生产力、房价、就业机会等许多方面（经合组织，2018 [43]）。因此，在考虑区域不平等的持续性时，未来落后地区是否会向经济较发达地区趋同至关重要（见专栏3.3）。在比较各地区大都市区人口的不同比例时，往往会出现社会经济差异。来自82个国家的大约1500个区域的样本汇总而成的数据集（见附件3.D），可以审查各种社会经济层面的区域差异在多大程度上随大都市区人口比例而变化。同样，也可用于评估这种差异如何与一国经济发展相联系。

在经济发展的较高阶段，国家在大都市区和较小都市区往往更平等地分配资源。因此，经济发展在很大程度上缩小了当今工业国家人均GDP的区域差距。除了人均GDP之外，其他一系列福利指标也有类似的模式，如失业、消费和人力资本（世界银行，2009 [44]）。

结构转型有助于解释空间不平等与区域发展之间的联系。农业经济中，区域差异是有限的。早期工业化导致特定地点出现制造业活动集群，导致区域收入差距增加。随着工业化的蔓延，农业在整个经济中失去了重要地位，导致收入差异下降（Desmet和Henderson，2015 [3]）。

美国经济为地区差异在早期发展阶段的上升和随后的下降提供了一个例子。事实上，美国地区间的人均收入在19世纪和20世纪初出现了分化，之后又趋同了（但在过去30年里，趋同的速度要慢得多）（Ganong和Shoag，2017 [45]）。各地区产业结构的变化有助于解释这种模式。在东北地区工业化进程和制造业产业带形成过程中，制造业所占比重的地区差异增大，同时，人均收入的地区差异也随之增大。在20世纪初，这种趋势逆转了。最初农业发达的州是农业衰退最严重的州，也是人均收入增长最强劲的州。这导致了地区间收入增长的更平等的再分配（Kim和Margo，2004 [46]）。

专栏3.3　各区域的经济增长和收入趋同

需要理解的是，同一国家各区域之间存在着严重的不平等。例如，根据经合组织区域数据库和Gennaioli等人的数据集（2014 [47]）（见附件3.D），平均每个国家中最富有的地区比最贫穷的地区富裕4.7倍，这一差异与2010年南非和美国的差异大致相似。有时，这些差异可能更极端。此外，贫穷国家的区域GDP水平比富裕国家更分散。由于这些收入差异总结了过去的增长轨迹，了解区域趋同的速度可以揭示区域不平等的持续存在。

Gennaioli等人（2014 [47]）通过使用国家以下地区的大样本，系统地分析了区域趋同。为了计算GDP增长率，他们通过收集区域GDP和人力资本的时间序列数据扩展了Gennaioli等人（2013 [48]）的数据集。并使用83个国家的1528个区域的数据，分析了区域之间的趋同模式，并将其与各国之间的趋同进行了比较。

根据他们的估计，一个国家内部的地区每年趋同速度约2%，全国的趋同速度约为1%，不比地区的趋同速度慢多少。这个结果令人费解。人力和物质资本流动的障碍在国家内部可能远没有在国家之间那么重要，这意味着区域和国家趋同之间的差异应该比现实中观察到的要大。

他们探讨了缓慢的区域趋同是否是资源区域流动的制度障碍的产物，然后发现，与富裕国家区域不平等程度较低、资本市场监管较好、贸易壁垒较少相一致，这些国家的区域趋同确实更快。

这项研究提出了国家以下地区之间缓慢趋同的难题，但并没有解决这一难题。我们应考虑到区域增长的潜在关键因素，如结构转型、技术传播和城市化。一个潜在的解释可能是，区域趋同主要源自技术追赶而非迁移驱动（Barro和Sala-I-Martin，1992[49]）。

资料来源：Gennaioli，N.等人，（2014[47]），“区域增长”，http://dx.doi.org/10.1007/s10887-014-9105-9；Gennaioli，N.等人，（2013[48]），“人力资本与区域发展”，http://dx.doi.org/10.1093/qje/qjs050；Barro，R.和X.Sala-I-Martin（1992[49]），“区域增长和人口迁移：日本—美国比较”，日本和国际经济杂志，第一卷，6/4，pp.312-346。

在处于发展中间阶段的国家，越多人口和越少人口的都市区之间的收入差距较大

随着时间的推移，出现了一种普遍的模式，即越多人口和越少人口的都市区之间的收入差距不断扩大，然后开始出现区域趋同。因此，人均国民收入与地区人均收入分散之间的关系往往呈倒U形模式，即一种被称为“空间库兹涅茨曲线”的现象（Kim，2008[50]；Combes等人，2011[51]）。与空间库兹涅茨曲线相一致的是，根据全球一致的都市区定义得出的结论表明，处于发展中间阶段的经济体与最贫穷和最富裕国家相比，都市区之间的区域收入差距往往更大（专栏3.4）。[10]特别是在中等偏下收入和中等偏上收入国家，最大都市区的人均GDP是最小都市区的两倍。相反，在低收入和高收入经济体中，这一差距超过一半，与最小的都市区相比，最大的都市区的人均收入大约高40%（图3.6）。

专栏3.4　区域收入与都市区的人口比例相关

图3.6显示了各区域人均GDP与各自国家最小都市区的百分比差异。人均GDP的这种差异随一个区域都市区人口的比例而变化。分别列出两组国家的平均差异，较轻的虚线表示中等收入国家基于都市区人口的区域收入差距，深色实线显示了高收入国家和低收入国家的差异。

在中等收入国家，区域的大都市区人口比例越高，它们往往越富裕（图3.6，虚线）。纵轴显示了该国最小都市区的相对收入差异。中等收入国家都市区人口比例占90%～100%的地区，其人均GDP是本国最小都市区人均GDP的两倍。

图3.6　按发展阶段分列的都市区收入差距
处于发展中间阶段的国家的区域收入差距较大

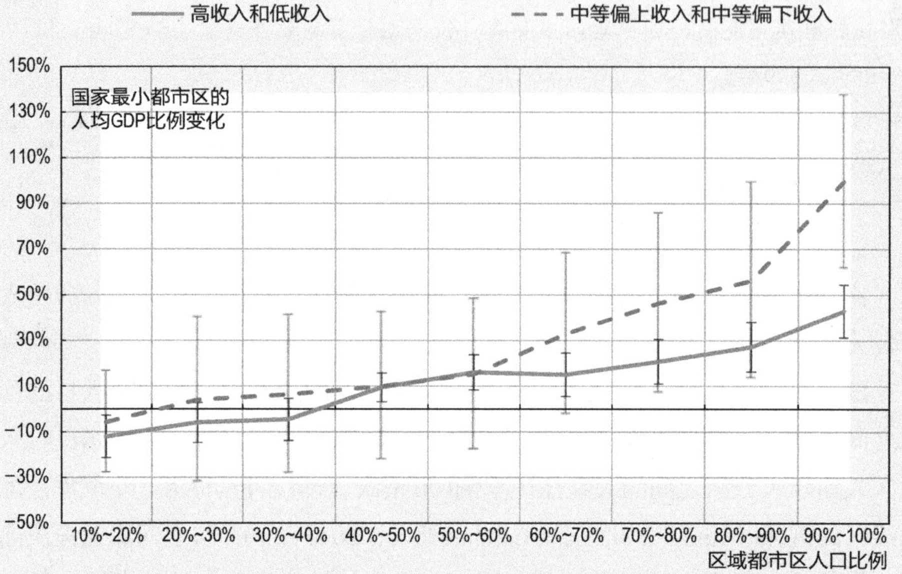

注：数据指2000年。实线使用了36个国家567个区域的数据。虚线使用了45个国家932个区域的数据。图表显示了一组模拟的系数，每个类别的大都市区人口份额，以及各自的95%置信区间。省略的虚拟是指城市人口的0%～10%。因此，每个数字都需要根据大都市区人口不足10%的地区的区域人均GDP平均数来解释。当关联的置信区间与水平（0%）线不重叠时，每个数字具有统计学意义。

资料来源：经合组织根据附件3所述GDP数据计算，人口数据来自2019年GHSL数据包，Florczyk，A.等人，（2019 [2]），*GHSL数据包2019（数据库）*，http://dx.doi.org/10.2760/06297，以及来自世界的国家收入群体数据。

这些发现表明，空间库兹涅茨曲线的一部分可以用中等收入国家城市化的较高优势来解释。随着经济的发展，国家往往遵循城市化进程，城市化进程集中在少数地区，这加剧了空间不平等。在处于较高发展阶段的国家，城市化在各区域的分布更为均匀，这在一定程度上缓解了空间收入差距。在发展水平较低的国家，人口和经济活动迅速集中在一个国家的大都市区。因此，在都市区人口比例较高和较低的地区之间，生产力、工资和基本福利可能出现重大差异。资本、消费者和工人的集中给大都市区带来了生产优势，这些地区受益于集聚经济。较大的本地市场使企业能够将固定的生产成本分散到更多的消费者，并带来生产力优势。这反过来又表现为大都市区的工资更高，提供的商品和服务更多样化（世界银行，2009 [44]）。

在较高GDP增长率的地区，都市区人口较多

在各国国内，1990年大城市人口中有很大一部分与过去25年区域经济的快速增长有关（图3.7）。这一发现在欧盟、经合组织和其他国家都成立，但前者的模式似乎更清楚。图3.7显示了不同GDP增长类别的区域的大都市区人口的平均份额，与国家平均值的偏差。在GDP增长率很低的地区，与全国平均水平相比，其都市区人口比例低5%。与此相反，GDP增长率很高的地区的都市区人口比例几乎比全国平均水平高8%。

在欧盟和经合组织内部，这种模式更加引人注目。人均GDP比本国增长快得多的地区，其大都市区人口占比，比1990年增长了10%。欧盟和经合组织以外国家的相应数字略高于6%。回归分析也证实了这些发现。

图3.7　都市区人口比例与区域人均GDP增长

在国家内部，都市区人口比例相对较大的区域增长较快

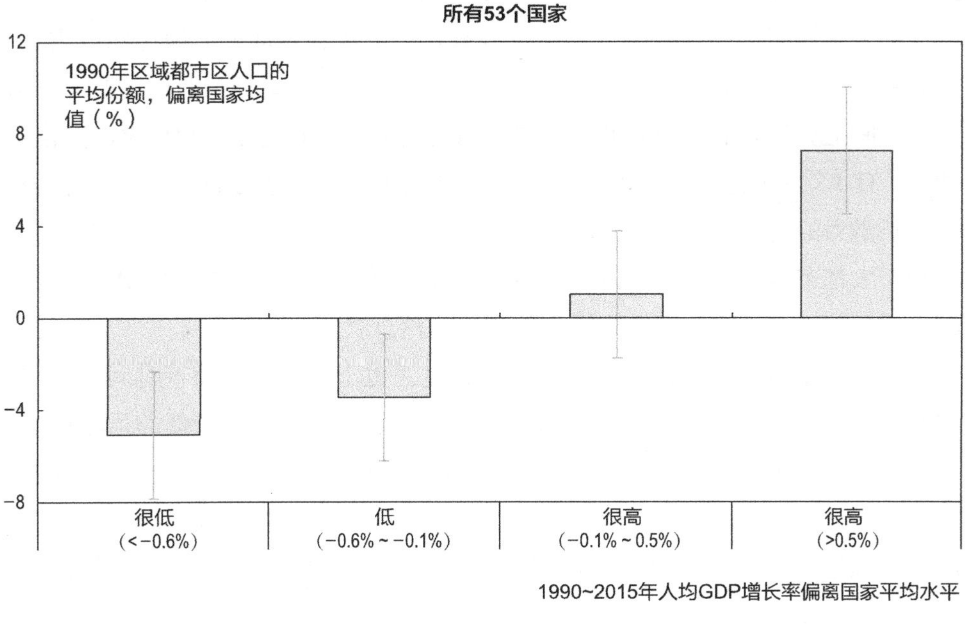

注：欧盟+经合组织641个区域和其他国家444个区域的数据。报告了95%的置信区间。控制国家模拟数据和1990年GDP水平的年度GDP增长率（1990～2015年）被用来建立横轴类别。每个类别都包含相同数量的区域（GDP增长的四等分），从增长率的最小值排序到最高值。增长以不变价格GDP为基础。

资料来源：经合组织根据附件3所述GDP数据计算，人口数据来自2019年GHSL数据包，Florczyk，A.等人，（2019 [2]），*GHSL数据包2019（数据库）*，http://dx.doi.org/10.2760/06297。

当考虑GDP水平时，区域经济发展与大都市区人口比例之间也成正比。事实上，都市区人口比例较大的地区，其2015年人均GDP水平也较高。对2015年57个国家的1153个区域的可用数据进行回归分析，相较于一国人均GDP，地区人均GDP每增加1%，都市区人口所占比例就会增加0.25%。[11]在欧盟和经合组织国家，这一相关性更大，估计值为0.43，是其他经济体相应数字的两倍以上。

结构转型和集聚经济的理论有助于解释经济增长与都市区人口比例之间的正相关性。与国家类似，区域经济部门在发展时从农业向制造业或从制造业向服务业过渡。

在发展中国家，不同区域的农业生产力差异可能很大，这意味着工业化在该地区的分布不均衡。在具有高增长潜力的地区，采用新技术可提高农业生产率，释放农村劳动力，促进工业部门的发展，从而将工人推向工业所在的大都市区。因此，向大都市区迁移的程度在不同区域可能大不相同。

在发达国家的一些区域，经济发展与技术进步、劳动力节约等同时进行，进而减少了制造业的就业率，并促进向服务业和知识密集型产业的过渡。制造业在空间上更加分散，而服务业集中在高密度地区，并受益于知识溢出和信息技术（IT）等基础设施。因此，大都市区成为创新和创造力的中心，成为具有高增长潜力的信息技术密集型产业的所在地。虽然服务经济的进一步增长可能有利于大都市区并促进其经济增长，但是关于更多大都市区的人均GDP是否会继续增长，现有模式并不能提供足够的证明信息。

当今大都市区人口比例较高的地区在过去也十分密集。随着时间的推移，它们经历了生产力的增长，从长远来看，这些经济因素，如较低的运输成本、更好的雇主与雇员匹配以及知识溢出拉近了企业和家庭的地理位置。这些因素创造了生产力优势和更高的工资，反过来又吸引了更多的就业者和企业。因此，在这个过程中，已经有许多企业和就业者的大都市区就会吸引更多的人，并取得发展。

专栏3.5 经合组织大都市区的经济表现

大都市区的人均收入高吗？在下文中，这段专栏审查了经合组织大都市区的人均GDP是否高于各自的全国平均水平。利用经合组织大都市数据库中关于经合组织国家630个大都市区的数据，可以比较GDP的绝对值和人均水平。

城市及其通勤地区是国家社会经济绩效的关键贡献者。2015年，有数据可查的563个大都市区人口几乎占总人口的55%，占整个经合组织地区GDP的60%以上。大都市区的经济重要性反映了它们创造就业、创新和绿色增长的巨大潜力，以及作为全球贸易和运输网络的枢纽和网关的事实（经合组织，2015[14]）。

在经合组织国家内，都市区的人均GDP水平比其各自国家高10%左右（图3.8）。相比之下，都市区以外的地区人均GDP相当于全国平均水平的92%。此外，都市区面积越大，其人均GDP就越高。为了表明这一点，图3.8显示了都市区（和非都市区）人均GDP与本国GDP的平均比例。虽然人口超过500万的最大都市区的人均收入水平比各自国家高25%以上，但对较小的都市区来说并非如此。事实上，低于100万人口的都市区实际的人均GDP低于全国平均水平。更具体地说，回归分析表明，都市区人均GDP超过其国家平均水平的人口阈值为70万。

较大的大都市区通常生产力较高，因此人均GDP较高。虽然平均而言这是事实，但各国之间也存在许多差异（见附图3.D.1）。经合组织最近的研究表明，人口规模每增加一倍，生产力就会提高，城市水平增加2%～5%（Ahrend等人，2014[18]）。这是多种因素作用的结果，如更大城市有更激烈的竞争或更深层次的劳动力市场（从而更好地匹配工人和工作），且思想传播更快，人力资本水平更高以及提供更多样化的智力和创业环境。最后，必须指出，较高的人均名义GDP水平并不一定意味着人们实际更富有。事实上，大城市地区的商品和服务价格往往较高，这可能抵消较大的人均收入（Ahrend和Lembcke，2017[53]）。

图3.8　大都市区及其国家的人均收入（2015年）

较大的都市区的人均收入高于本国平均水平

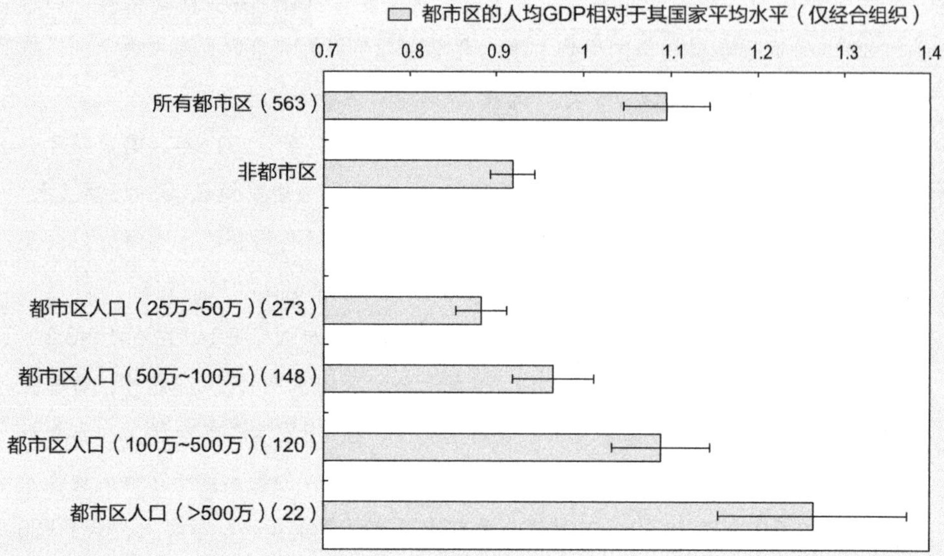

注：此处显示了都市区相对于其国家的人均GDP比例（采用人口加权后）。

资料来源：经合组织（n.d.[52]），*经合组织大都市数据库*，https://stats.oecd.org/Index.aspxDatasetcode=CITIES。

Stat Link https://doi.org/10.1787/888934130341

资料来源：经合组织（n.d.[52]），经合组织大都市数据库，https://stats.oecd.org/Index.aspx？Datasetcode=CITIES；经合组织（2015[14]），都市世纪：理解城市化及其后果，https://dx.doi.org/10.1787/9789264228733-en；Ahrend，R.等人，(2014[18])，“是什么使城市更具生产力？来自五个经合组织国家的城市治理的证据”，https://dx.doi.org/10.1787/5jz432cf2d8p-en；Ahrend，R.和A.Lembcke（2017[53]），“住在大城市是要花钱的吗？集聚效益、当地便利设施和生活成本的作用”，http://dx.doi.org/10.2139/ssrn.2925676。

人口迁移是导致区域差异的一个内在原因

人口向大都市区的净迁移部分造成了国家内部的区域收入差距

更多的就业机会使大都市区对移民颇有吸引力。因此，一个国家内不同区域的迁入与迁出流动情况各不相同。过去几十年来，由于人口和经济发展不平衡、持续冲突以及干旱和洪水等气候变化的结果，这些流动一直在增加。由于人口迁移具有重要的经济影响，了解迁移模式的区域差异至关重要。移民通常会促进劳动力人口的增长，如果他们的技能得到充分利用，可以为长期经济增长和技术进步作出贡献（经合组织，2019 [54]）。

在大都市区，移民人口的比例（定义为15岁或15岁以上的国际和国内人口在一个人口普查段5年内迁入某一地区的比例）往往更大。[12]据估计，大都市区人口比例每增加10%，移民比例就会增加近2%。[13]换句话说，就其常住人口而言，都市区人口比例较大的地区往往比其他地区接纳更多的移民。图3.9中的灰色虚线，显示了与最小的都市区相比，大都市区所经历的移民人口的额外份额。

较大的都市区不仅迁入移民比例较高，而且迁出移民比例较低，导致净移民人数高于较小的都市区。大都市区人口比例增加10%，迁出移民比例几乎下降3.8%（图3.9实线）。[14]总的来说，人口更多的大都市区的净迁移收益较高

图3.9　移民和大都市区人口比例

由于迁入移民数量多，迁出移民数量少，大都市区的人口净迁移较大

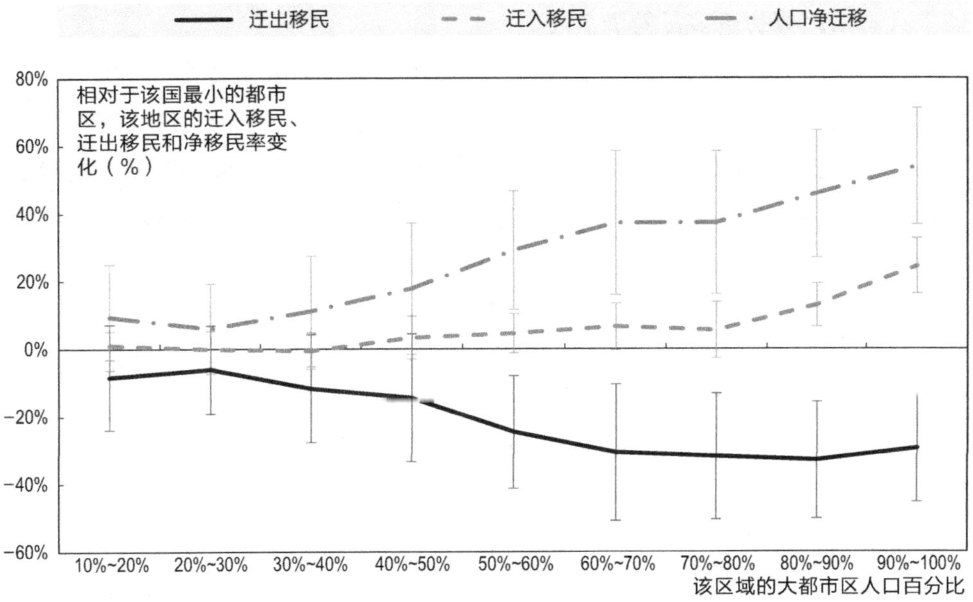

注：32个国家的683个区域的数据，按照世界银行的定义，其中2个为低收入，9个为中等偏下收入，13个为中等偏上收入，8个为高收入。迁入移民（迁出移民）的比例被定义为在一次人口普查段5年内15岁或15岁以上的国际和国内人口迁入（出）某一地区的比例。数据选取1990～2010年期间的年份。每个区域采用近期的参考数据。图表报告了一组模拟的系数，每个类别的大都市区人口份额，以及各自的95%置信区间。每条线对应一个单独的回归，其中的因变量是迁出移民和迁入移民的人口份额和他们的总和。因此，每个数字都需要根据大都市区人口不到10%的地区的平均份额来解释。当关联的置信区间与水平（0）线不重叠时，每个数字具有统计学意义。

资料来源：经合组织根据附件3.D所述迁移数据计算，人口数据来自2019年GHSL数据包，Florczyk，A.等人，(2019 [2])，*GHSL数据包2019（数据库）*，http://dx.doi.org/10.2760/06297。

（图3.9点虚线）。尽管这一分析只给出了一个静态的图景，但它与20世纪，特别是过去40年里，城市及其影响区域史无前例的压倒性增长保持了一致。

经济和非经济因素都能吸引移民到大都市区。非经济因素通常包括便利设施，如获得更好的医疗保健、教育设施和专门的购物机会，使得大都市区具有吸引力（详细证据见第2章）。此外，城市及其影响地区提供了更大的网络，使新来者更有可能找到具有相似文化和族裔背景的人。经济因素驱使人们从最小都市区到最大都市区转移。农村地区的结构转型或较低的收入将农业密集地区的移民推向大都市区。同时，大都市区较高的工资对工人有拉动作用。同样，大都市区的劳动力市场也会带来更多的就业机会以及雇主与雇员之间更好的匹配。最后，大都市区为移民提供了日积月累的学习机会，并为他们带来持久的收益。[15]

大都市区吸引更多技能型工人

大都市区吸引和产生更多受过教育的居民。这些地区是高等教育机构的中心，并始终保持较高的人力资本水平，因为毕业生经常在毕业后继续留在该地区，以便获得更好的就业机会。大学与雄厚的劳动力市场之间的互补性创造了一个良性循环：一个区域的人力资本越高，技能密集型公司在该区域设立的动机就越大，因此，将迁往该区域的高质量员工就越多。

总体而言，从平均受教育年限来看，大都市区人口比例较高的地区人力资本水平较高。基于超过110个国家的1500个地区的数据集（专栏3.6）显示，半数以上人口居住在大都市区的地区，其人口受教育年限比大都市区人口比例低于10%的地区多0.5～1年。[16]在欧盟和经合组织国家，生活在最大都市区的人（占都市区人口的90%以上）平均受教育的时间要比最小都市区（低于都市区人口的10%）的人多1年。总体而言，估算数字表明，大都市区人口比例高出10%，平均教育水平高出1个月以上。[17]在像法国这样一个典型的经合组织国家，最小的都市区（Bourgogne）大约有20%的人口居住，相应的平均教育约为7.9年。相比之下，法国最大的都市区的平均教育年限为9.6年，大约高出20%。

在欧盟和经合组织之外，人力资本方面的区域差距要大得多。最大的都市区的人力资本水平平均比最小的都市区高2.6年以上。在这种情况下，总体来说，都市区人口比例高出10%，教育水平则高出2.5个月以上。[18]以中国为例，贵州省约有27%的人口生活在都市区，相应的平均教育水平约为5.8年。相比之下，中国最大的都市区（上海）的平均教育水平为8.9年，超过了50%。

专栏3.6　人力资本与区域发展

地理、自然资源禀赋、制度、文化和人力资本等，是区域发展的决定因素。Gennaioli等人（2013[48]）的研究专注于人力资本方面，学者们建立了一个由110个国家1569个地区组成的新数据库，以研究人力资本与收入之间的关系。

以教育衡量的区域人力资本是区域发展的关键决定因素，它解释了区域差异的很大份额。利用这些地区数千家公司的数据，作者发现区域教育通过工人教育、企业家教育和区域外部性影响区域发展。

世界银行企业调查的数据直接指出了受过教育的企业家为企业的创造和生产力所发挥的作用。事实上，经济发展发生在经营生产企业的企业家集中的地区。这些企业家还可能促进思想交流，导致重大的区域外部性。所观察到的通过企业家供给创造的和通过外部因素获得的教育的巨大好处，为教育程度对经济发展的作用提供了乐观的评估。

资料来源：Gennaioli, N.等人,（2013），"人力资本与区域发展"，http://dx.doi.org/10.1093/qje/qjs050；经合组织（2018[55]），全球化世界的生产力和就业：（如何）所有地区都能受益？https://dx.doi.org/10.1787/9789264293137-en。

在区域经济发展和都市系统一节中记录了大都市区人口少和多地区之间的收入差距，这部分反映了大都市区较高的人力资本。人力资本是经济发展的关键决定因素。受过更多教育的人往往更有生产力，这在较高的工资和人均GDP中能够体现（Ahrend和Lembcke，2017[53]）。分析表明，在2000年110个国家500个地区内，一个地区的人口平均每多1年的教育期限，区域GDP水平就高出近26%，在1990～2000年期间，国内生产总值增长率提高了1.1%（专栏3.6）。[19]

大都市区吸引更多的专业技术人员，这也在一定程度上反映了他们的高人力资本水平。大都市区的公园、剧院、博物馆、餐馆和大学等便利设施更能吸引技能人员，同时也更能吸引受过高等教育的人。因此，受过高等教育的人往往生活在更城市化的地区，这使得这些区域更有生产力。回归分析表明，大都市区之间超过一半的GDP水平差异和大约一半的GDP增长率差距是由城市人口平均受教育水平更高这一事实导致的。[20]换句话说，集聚经济和人力资本的吸引、积累和产生，在解释为什么大都市区往往更富有问题上，都是同等重要的原因。移民只是大都市区人力资本较高的原因之一。

大都市区较高的人力资本水平通常不仅是由移民驱动的，也反映出当地人在这些地方的受教育水平往往更高。无论是在欧盟和经合组织国家，还是在其他地方，都市区人口比例较大的地区的土著人口比较少的都市区受教育水平更高。图3.10展现了大都市区人口超过80%的地区的当地人比该国平均受教育水平高，大约为1年（欧盟+经合组织）至2年（其他）。

在教育方面，尽管在欧盟和经合组织国家，移民是对当地人的补充，但他们的技能可以被视为其他国家当地人技能的替代品（图3.10）。在欧盟和经合

图3.10　人力资本和各区域都市区人口的迁移

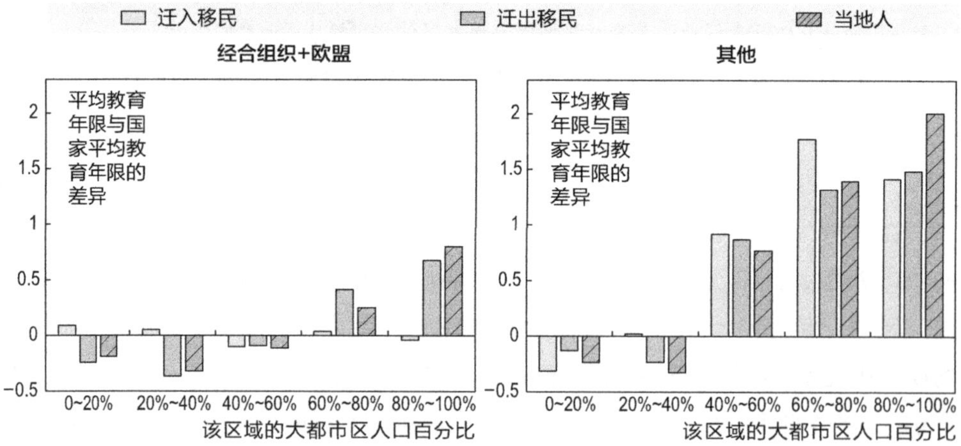

注：欧盟+经合组织10个国家的291个区域和其他22个国家的392个区域的数据。数据指1990～2010年期间的年份。对于每个区域，都考虑最近的可用年份。条形图显示了迁入移民、迁出移民和当地人的平均教育年数与国家的平均偏差。

资料来源：经合组织根据附件3.D所述迁移数据和教育数据计算，人口数据来自2019年GHSL数据包，Florczyk，A.等人，（2019 [2]），*GHSL数据包2019（数据库）*，http://dx.doi.org/10.2760/06297。

组织国家，不论是在人口比例较低或是人口比例较高的大都市区，移民的技能似乎没有显著差异。此外，与大都市区的其他当地人口相比，移民似乎没有受到更多的系统教育。然而，相对于当地土著人口，移民在大都市区人口较少的地区似乎更有竞争力，而在大都市区人口较多的地区则竞争力相对较弱。由此可见，移民似乎提供了一些与当地人相辅相成的技能。

在非欧盟国家和非经合组织国家，移民似乎更区别于各地区的土著人。在这些国家，大多数都市区的移民平均比那些搬到该国的移民受教育多1.5年，这与观察到的当地人的模式相似（图3.10）。从广义上讲，质量更高的移民和本地人都集中在人口较多的大都市区。欧盟和经合组织以外国家的大都市区，不仅是创造人力资本的重要中心，而且也是吸引其他受过高等教育的人的重要中心，这会在各自的技能领域之间产生替代效应。与这一观察结果相一致的是，最近的研究表明，发展中国家的大城市人口技能丰富，擅长于技能密集型领域（Dingel，Miscio和Davis，2019 [56]）。

两个原因可以解释欧盟+经合组织国家在这方面的特殊性。第一，富裕国家在过去几十年经历的来自欠发达和发展中经济体的大量移民潮，可以看作是大都市区移民受教育水平较低的原因（经合组织，2019 [57]）。在这种情况下，由于移民的人力资本总体水平较低，也许会抵消大都市区可能经历的高技能工人的流入。

第二，对相对发达的国家而言，高技能个人迁往大都市区的收益可能较低。这可能是因为技能密集型的就业机会、便利设施和高等教育设施在欧盟和经合组织各区的分布比在其他国家更均匀。换句话说，欧盟和经合组织国家中最小的都市区比其他经济体的类似区域提供更广泛的机会。因此，受过高等教育的个人不一定要搬到最大的都市区，来从更高的教育回报中受益。

最后，人力资本水平较高的移民往往来自大都市区。特别是，有80%以上人口的大都市区，移民的受教育年限从0.7年（欧盟+经合组织）增加到1.5年（非欧盟+经合组织）。在某种程度上，这是大都市区受过良好教育的当地人带来的直接结果。虽然在欧盟和经合组织以外的国家，大都市区受过教育的迁出移民中有很大比例似乎得到了大量高技能迁入移民的补偿，但在欧盟+经合组织国家，情况并非如此。

在某种程度上，这可能表明，在欧盟和经合组织国家，人力资本往往比其他国家更平均地从最大的都市区重新分配到最小的都市区，在这些国家，大部分人力资本流动偶然发生在较大和较小的都市区。这一现象可以反映这样一个事实，即在欧盟和经合组织国家，人们搬到大都市区学习，在之后一部分人又离开了。在这两种情况下，来自欧盟和经合组织国家以及其他国家的证据表明（图3.10），大都市区的作用至关重要，但略有不同。

参考文献

Ahrend, R. et al. (2014), "What Makes Cities More Productive? Evidence on the Role of Urban Governance from Five OECD Countries", *OECD Regional Development Working Papers*, No. 2014/5, OECD Publishing, Paris, https://dx.doi.org/10.1787/5jz432cf2d8p-en. [18]

Ahrend, R. and A. Lembcke (2017), "Does it pay to live in big(ger) cities? The role of agglomeration benefits, local amenities, and costs of living", *SSRN Electronic Journal*, http://dx.doi.org/10.2139/ssrn.2925676. [53]

Allen, R. (2012), *The British industrial revolution in global perspective*, Cambridge University Press, http://dx.doi.org/10.1017/CBO9780511816680. [29]

Barro, R. and X. Sala-I-Martin (1992), "Regional growth and migration: A Japan-United States comparison", *Journal of the Japanese and International Economies*, Vol. 6/4, pp. 312-346, https://doi.org/10.1016/0889-1583(92)90002-L. [49]

Barro, R. and X. Sala-i-Martin (1991), "Convergence across states and regions", *Brookings Papers on Economic Activity*, https://www.brookings.edu/wp-content/uploads/1991/01/1991a_bpea_barro_salaimartin_blanchard_hall.pdf. [32]

Barth, E. et al. (2016), "It's where you work: Increases in the dispersion of earnings across establishments and individuals in the United States", *Journal of Labor Economics*, Vol. 34/S2, pp. S67-S97, http://dx.doi.org/10.1086/684045. [40]

Boulant, J., M. Brezzi and P. Veneri (2016), "Income Levels And Inequality in Metropolitan Areas: A Comparative Approach in OECD Countries", *OECD Regional Development Working Papers*, No. 2016/6, OECD Publishing, Paris, https://dx.doi.org/10.1787/5jlwj02zz4mr-en. [36]

Collier, P., P. Jones and D. Spijkerman (2018), *Cities as Engines of Growth: Evidence from a New Global Sample of Cities*, http://pubdocs.worldbank.org/en/356001527999188468/117-Cities-as-Engines-of-Growth-Collier-et-al-28March2018.pdf (accessed on 7 November 2019). [15]

Collier, P. et al. (2010), "Managing resource revenues in developing economies", *IMF Staff Papers*, Vol. 57/1, pp. 84-118, http://dx.doi.org/10.1057/imfsp.2009.16. [24]

Combes, P., G. Duranton and L. Gobillon (2011), "The identification of agglomeration economies", *Journal of Economic Geography*, http://dx.doi.org/10.1093/jeg/lbq038. [19]

Combes, P. et al. (2011), “The rise and fall of spatial inequalities in France: A long-run perspective”, *Explorations in Economic History*, Vol. 48/2, pp. 243-271, http://dx.doi.org/10.1016/j.eeh.2010.12.004. [51]

Davis, D. and J. Dingel (2015), “The comparative advantage of cities”, *Mimeo*, pp. 1-46, http://dx.doi.org/10.3386/w20602. [60]

de la Roca, J. and D. Puga (2017), “Learning by working in big cities”, *Review of Economic Studies*, http://dx.doi.org/10.1093/restud/rdw031. [17]

Desmet, K. and J. Henderson (2015), “The geography of development within countries”, in *Handbook of Regional and Urban Economics*, Elsevier B.V., http://dx.doi.org/10.1016/B978-0-444-59531-7.00022-3. [3]

Dijkstra, L., H. Poelman and P. Veneri (2019), “The EU-OECD definition of a functional urban area”, *OECD Regional Development Working Papers*, No. 2019/11, OECD Publishing, Paris, https://doi.org/10.1787/d58cb34d-en (accessed on 21 October 2019). [58]

Dingel, J., A. Miscio and D. Davis (2019), “Cities, lights, and skills in developing economies”, *Journal of Urban Economics*, http://dx.doi.org/10.1016/j.jue.2019.05.005. [56]

Duranton, G. (2015), “Growing through cities in developing countries”, *World Bank Research Observer*, Vol. 30/1, pp. 39-73, http://dx.doi.org/10.1093/wbro/lku006. [8]

Duranton, G. (2008), *Viewpoint: From Cities to Productivity and Growth in Developing Countries*, http://dx.doi.org/10.1111/j.1540-5982.2008.00482.x. [12]

Duranton, G. and D. Puga (2004), “Micro-foundations of urban agglomeration economies”, *Handbook of Regional and Urban Economics*, http://dx.doi.org/10.1016/S0169-7218(04)07048-0. [16]

Ezcurra, R. and A. Rodriǵuez-Pose (2017), “Does ethnic segregation matter for spatial inequality?”, *Journal of Economic Geography*, Vol. 17/6, pp. 1149-1178, http://dx.doi.org/10.1093/jeg/lbx007. [41]

Fay, M. and C. Opal (1999), *Urbanization Without Growth: A Not So Uncommon Phenomenon*, http://dx.doi.org/10.1596/1813-9450-2412. [23]

Florczyk, A. et al. (2019), *GHSL Data Package 2019 (database)*, http://dx.doi.org/10.2760/062975. [2]

Ganong, P. and D. Shoag (2017), “Why has regional income convergence in the U.S. declined?”, *Journal of Urban Economics*, Vol. 102, pp. 76-90, http://dx.doi.org/10.1016/j.jue.2017.07.002. [45]

Gennaioli, N. et al. (2014), “Growth in regions”, *Journal of Economic Growth*, http://dx.doi.org/10.1007/s10887-014-9105-9. [47]

Gennaioli, N. et al. (2013), “Human capital and regional development”, *Quarterly Journal of Economics*, http://dx.doi.org/10.1093/qje/qjs050. [48]

Glaeser, E. (2014), “A world of cities: The causes and consequences of urbanization in poorer countries”, *Journal of the European Economic Association*, Vol. 12/5, pp. 1154-1199, https://doi.org/10.1111/jeea.12100 (accessed on 7 November 2019). [9]

Glaeser, E. and J. Gottlieb (2009), "The wealth of cities: Agglomeration economies and spatial equilibrium in the United States", *Journal of Economic Literature*, Vol. 47/4, pp. 983-1028, http://dx.doi.org/10.1257/jel.47.4.983. [13]

Glaeser, E. et al. (1992), "Growth in cities", *Journal of Political Economy*, Vol. 100/6, pp. 1126-1152, http://dx.doi.org/10.1086/261856. [11]

Gollin, D., R. Jedwab and D. Vollrath (2016), "Urbanization with and without industrialization", *Journal of Economic Growth*, Vol. 21/1, pp. 35-70, http://dx.doi.org/10.1007/s10887-015-9121-4. [22]

Gollin, D., S. Parente and R. Rogerson (2002), "The role of agriculture in development", *American Economic Review*, Vol. 92/2, pp. 160-164, http://dx.doi.org/10.1257/000282802320189177. [5]

Hamnett, C. (1994), "Social polarisation in global cities: Theory and evidence", *Urban Studies*, Vol. 31/3, pp. 401-424, http://dx.doi.org/10.1080/00420989420080401. [35]

Henderson, J. (2010), "Cities and development", *Journal of Regional Science*, Vol. 50/1, pp. 515-540, http://dx.doi.org/10.1111/j.1467-9787.2009.00636.x. [1]

Henderson, J. and S. Kriticos (2018), "The development of the African system of cities", *Annual Review of Economics*, Vol. 10/1, pp. 287-314, http://dx.doi.org/10.1146/annurev-economics-080217-053207. [21]

Henderson, J., D. Nigmatulina and S. Kriticos (2018), *Measuring Urban Economic Density*, The World Bank, http://dx.doi.org/10.1596/1813-9450-8678. [20]

Henderson, J., A. Storeygard and U. Deichmann (2016), "Has climate change driven urbanization in Africa?", http://dx.doi.org/10.1016/j.jdeveco.2016.09.001. [25]

Herrendorf, B., R. Rogerson and Á. Valentinyi (2014), "Growth and structural transformation", in *Handbook of Economic Growth*, Elsevier B.V., http://dx.doi.org/10.1016/B978-0-444-53540-5.00006-9. [28]

Hobijn, B. and B. Jovanovic (2001), "The information-technology revolution and the stock market: Evidence", *American Economic Review*, Vol. 91/5, pp. 1203-1220, http://dx.doi.org/10.1257/aer.91.5.1203. [59]

Jedwab, R., L. Christiaensen and M. Gindelsky (2017), "Demography, urbanization and development: Rural push, urban pull and … urban push?", *Journal of Urban Economics*, http://dx.doi.org/10.1016/j.jue.2015.09.002. [7]

Jedwab, R. and D. Vollrath (2019), "The Urban Mortality Transition and Poor Country Urbanization", *American Economic Journal: Macroeconomics*, Vol. 11/1, pp. 223-75. [26]

Jedwab, R. and D. Vollrath (2015), *Urbanization Without Growth in Historical Perspective*, Academic Press Inc., http://dx.doi.org/10.1016/j.eeh.2015.09.002. [10]

Kanbur, R. and A. Venables (2005), *Spatial Inequality and Development*, Oxford University Press, http://dx.doi.org/10.1093/0199278636.001.0001. [42]

Kim, S. (2008), *Spatial Inequality and Economic Development: Theories, Facts, and Policies*. [50]

Kim, S. and R. Margo (2004), "Chapter 66 Historical perspectives on U.S. economic geography", in *Handbook of Regional and Urban Economics*, Elsevier, http://dx.doi.org/10.1016/S1574-0080(04)80023-3. [46]

Lall, S., J. Henderson and A. Venables (2017), *Africa's Cities: Opening Doors to the World*, The World Bank, http://dx.doi.org/10.1596/978-1-4648-1044-2. [30]

Mcmillan, M., D. Rodrik and I. Verduzco-Gallo (2014), "Globalization, structural change, and productivity growth, with an update on Africa", *World Development*, Vol. 63, pp. 11-32, https://doi.org/10.1016/j.worlddev.2013.10.012. [27]

Michaels, G., F. Rauch and S. Redding (2012), "Urbanization and structural transformation", *Quarterly Journal of Economics*, Vol. 127/2, pp. 535-586, http://dx.doi.org/10.1093/qje/qjs003. [6]

Milanović, B. (2005), *Worlds Apart: Measuring International and Global Inequality*, Princeton University Press. [39]

Moreno-Monroy, A., M. Schiavina and P. Veneri (2020), "Metropolitan areas in the world: Delineation and population trends", *Journal of Urban Economics*, https://doi.org/10.1016/j.jue.2020.103242. [61]

OECD (2019), *International Migration Outlook 2019*, OECD Publishing, Paris, https://dx.doi.org/10.1787/c3e35eec-en. [57]

OECD (2019), *OECD Skills Strategy 2019: Skills to Shape a Better Future*, OECD Publishing, Paris, https://dx.doi.org/10.1787/9789264313835-en. [54]

OECD (2018), *Divided Cities: Understanding Intra-urban Inequalities*, OECD Publishing, Paris, https://dx.doi.org/10.1787/9789264300385-en. [38]

OECD (2018), *OECD Regions and Cities at a Glance 2018*, OECD Publishing, Paris, https://dx.doi.org/10.1787/reg_cit_glance-2018-en. [43]

OECD (2018), *Productivity and Jobs in a Globalised World: (How) Can All Regions Benefit?*, OECD Publishing, Paris, https://dx.doi.org/10.1787/9789264293137-en. [55]

OECD (2016), *Making Cities Work for All: Data and Actions for Inclusive Growth*, OECD Publishing, Paris, https://dx.doi.org/10.1787/9789264263260-en. [37]

OECD (2016), "The implications of Africa's urbanisation for structural transformation", in *African Economic Outlook 2016: Sustainable Cities and Structural Transformation*, OECD Publishing, Paris, https://dx.doi.org/10.1787/aeo-2016-10-en. [31]

OECD (2015), *In It Together: Why Less Inequality Benefits All*, OECD Publishing, Paris, https://dx.doi.org/10.1787/9789264235120-en. [34]

OECD (2015), *The Metropolitan Century: Understanding Urbanisation and its Consequences*, OECD Publishing, Paris, https://dx.doi.org/10.1787/9789264228733-en. [14]

OECD (n.d.), *OECD Metropolitan Database*, OECD, Paris, https://stats.oecd.org/Index.aspx?Datasetcode=CITIES. [52]

Rostow, W. (1960), *The Process of Economic Growth*, http://www.sidalc.net/cgi-bin/wxis.exe/?IsisScript=bac.xis&method=post&formato=2&cantidad=1&expresion=mfn=033549 (accessed on 7 November 2019). [4]

Williamson, J. (1965), "Regional inequality and the process of national development: A description of the patterns", *Economic Development and Cultural Change*, Vol. 13/4, pp. 1-84, https://www.jstor.org/stable/1152097. [33]

World Bank (2009), *Reshaping Economic Geography*, The International Bank for Reconstruction and Development. Washington, DC, http://dx.doi.org/10.1596/978-0-8213-7607-2. [44]

注释

1 后者的边界定为全世界（Moreno-Monroy，Schiavina和Veneri，2020 [61]）。

2 "大都市区"是一个术语，通常用来识别城市，加上它们与大城市相连的环境。在这本书中，大都市区的概念被用来定义城市及其周围环境，包括各种规模的城市，最低门槛为5万人口。

3 在非洲，微乎其微的农民生活在城市。此外，农村地区的非农业活动非常低，这些活动往往逐渐向城市转移（Henderson和Kriticos，2018 [21]）。

4 在欧盟和经合组织国家，服务业的总增值与制造业的总增值的比率较大，与大都市区人口有关。结果也通过回归分析得到证实。

5 例如，研究表明，信息技术最初在人口密集地区的服务业产生的影响比在制造业产生的影响更大（Hobijn和Jovanovic，2001 [59]）。即使IT的使用在国家内部迅速发展扩散，其更复杂的应用，如电子商务，主要定位和发展在大都市区，这提供了更容易获得互补的发明和活动。

6 回归控制了制造业和服务业的增值份额。

7 基尼指数是衡量贫富差距的指标，其范围在0到1之间。在这种情况下，它被用来衡量一个国家内大都市区人口分布的不平等程度。越高的基尼系数，说明全国都市区人口越集中在较少（较大）的都市区。

8 用回归分析证实了集中和发展之间的非线性关系。特别是右边，回归包括对数（人均GDP）、对数（人均GDP）的平方和对数（总人口）。使用不同密度的变异系数等措施控制大都市人口，Herfindahl-Hirschman指数（HHI）以及从Zipf定律和人口最大的10大城市提取的系数，估计系数的平方GDP显示结果类似图3.4。

9 这里使用了与上文说明中所述类似的回归分析，其中左侧要么是首要地位（最大的都市区在全国都市人口中的份额），要么是最大和第二大都市区之间的比例。

10 空间库兹涅茨曲线总体上是关于区域差异的。所提出的分析侧重于大都市区对区域差异的作用。

11 这是2015年估计的人均GDP（对数）的OLS系数，是一个回归计算法，其中左侧变量是大都市区人口的份额。回归包括国家虚拟系数。标准错误集中在国家一级（57个国家）。利益相关系数在99%置信水平上具有统计学意义。

12 由于数据可用性，这里使用的数据集是用于分析GDP水平的数据集的子集。

13 这是从回归中估计的OLS系数，其中左侧变量是迁入移民人口的份额。回归包括国家模型。标准错误集中在国家一级。利益相关系数在99%置信水平上具有统计学意义。

[14] 这是从回归中估计的OLS系数，其中左侧变量是迁出移民人口的份额。回归包括国家模型。标准错误集中在国家一级。利益相关系数在99%置信水平上具有统计学意义。

[15] 集聚的一些好处只会随着时间的推移而产生。在大城市生活和工作期间获得的培训、网络和知识是宝贵的经验，有助于提高大都市区的工资水平。这一观点得到了来自西班牙的证据的支持，即使工人们离开了大城市，他们的经历仍然体现在他们的收入中（de la Roca和Puga，2017 [17]）。

[16] 这些估计符合最近关于技能空间分布的研究结果（Davis和Dingel，2015 [60]）。

[17] 这是从回归中估计的大都市区人口份额的OLS系数，其中左侧变量是2000年的受教育年限。回归包括国家模型。标准错误集中在国家一级。利益相关系数在99%置信水平上具有统计学意义。

[18] 见尾注10。

[19] 这些是多元回归中关于平均教育年数的OLS估计系数，其中左边的变量是Ln（区域人均GDP）或1990～2000年的年人均GDP增长率。国家模拟数据和都市人口的比例也包括在内，另外的对照是Ln（人口）、纬度、到海岸的距离、疟疾指标、Ln（石油和天然气生产）、首都模拟数据。标准误差集中在国家一级。在99%置信水平上，利益相关系数具有统计学显著性。

[20] 这些是多元回归中关于都市人口份额的OLS系数，其中左边的变量是Ln（区域人均GDP）或其增长率，右边加上受教育年限。其中包括国家模拟数据，另外的对照包括Ln（人口）、纬度、到海岸的距离、疟疾指标、Ln（石油和天然气产量）、首都模拟数据。标准误差集中在国家一级。在99%置信水平上，利益相关系数具有统计学显著性。

附件3. A 经济发展和城市化的不同措施

国民经济发展与居住在大都市区（城市功能性）的人口比例的关系要比与居住在城市、城镇和半密集地区的人口比例的关系更为密切。在一定程度上，这一结果可以由都市区估计算法来驱动。但是，在有官方数据的经合组织国家，这一结果对于使用未估计的人口数据是一致和可靠的。大都市区的人口规模至少为5万人，而城市、城镇和半密集地区则有5000人。附图3.A.1右图显示了同一样本中168个国家的都市区人口份额与人均GDP之间更为陡峭的关

附图3.A.1 经济发展和住区类型（2015年）

城市化与经济发展齐头并进

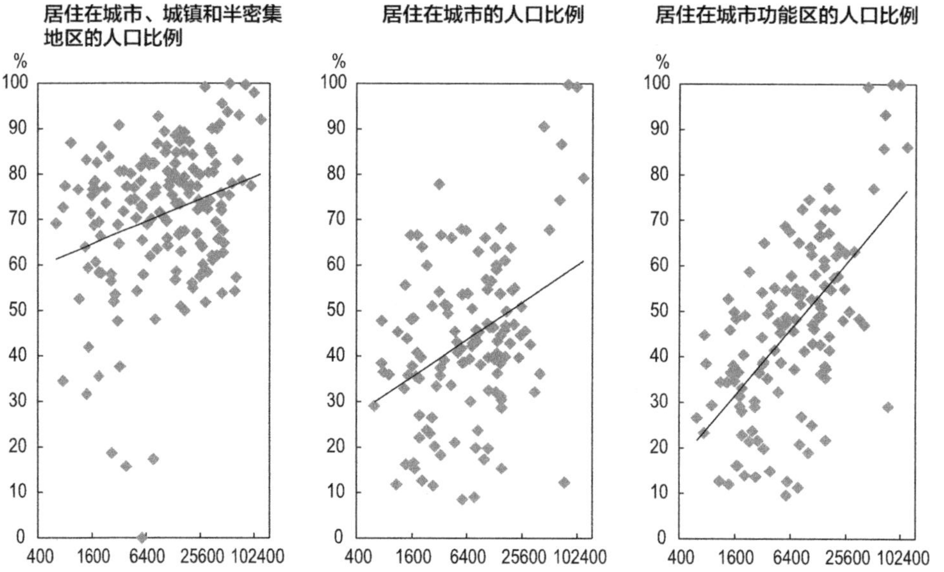

注：每个小组包括168个国家。基础回归的R^2为0.07（左面板）、0.05（中间面板）和0.38（右面板）。1975年、1990年和2000年也有类似的情况。

资料来源：经合组织根据世界银行的GDP数据和2019年GHSL数据包中的人口数据计算，Florczyk,A.等人（2019[2]），*GHSL数据包2019（数据库）* http://dx.doi.org/10.2760/06297。

系。对于任何给定的人均GDP水平，基于都市区人口份额和GDP之间的估计关系，黑线提供了一个国家的预期都市区人口份额。这条线指出，平均而言，人均GDP每增长1%，都市区人口所占比例就会增加0.1%。这几乎是居住在城市、城镇和半密集地区的人口比例的3倍。

经济发展与居住在大都市区的人口比例有更密切的联系，这一事实反映出城市功能区的概念更为广泛，超出了仅考虑密度和人口规模的范围。都市区由城市和它的通勤区组成，根据人们的日常活动涵盖了城市的经济和功能范围（Dijkstra，Poelman和Veneri，2019 [58]）。因此，考虑一个国家居住在大都市区的人口占总人口的比例，可以衡量国家发展与该国城市劳动力市场人口比例之间的相关性。因此，本章将重点放在大都市区及其人口份额上。

附件3.B　按国家规模分列的经济发展和大都市区人口

如前文所述，越发达的国家，都市区人口越多。特别是一个国家越发达，居住在100万以上人口的大都市区的人口就越多。这一模式似乎仍然适用于样本规模相近的国家。前文图3.1的结果可能是由于许多低收入国家都是小国，因而不能有很大的都市区。然而，鲁棒性检查减轻了这个问题。通过将168个国家的样本按其大小分成4个四分位（即国家数目大致相同的组），可以观察到，居住在较大都市区的人口比例的增加主要发生在较大的国家（附图3.B.1）。这4个面板显示了总人口在3.5万以下、3.5万～10万之间、10万～31万之间和3100万以上的国家中，居住在不同规模大都市区的人口比例与国家GDP之间的相关性。即使只考虑总人口超过3100万的国家（即国家规模的最大四分位数），这些结果仍然成立。尽管样本规模较小，实际上还被放大了。该样本包括5个低收入国家、14个中等偏下收入国家、14个中等偏上收入国家和11个高收入国家。

附图3.B.1　按国家规模划分的大都市区经济发展和地理环境（2015年）

根据这四个图表中的国家2015年总人口的四分位数进行了划分

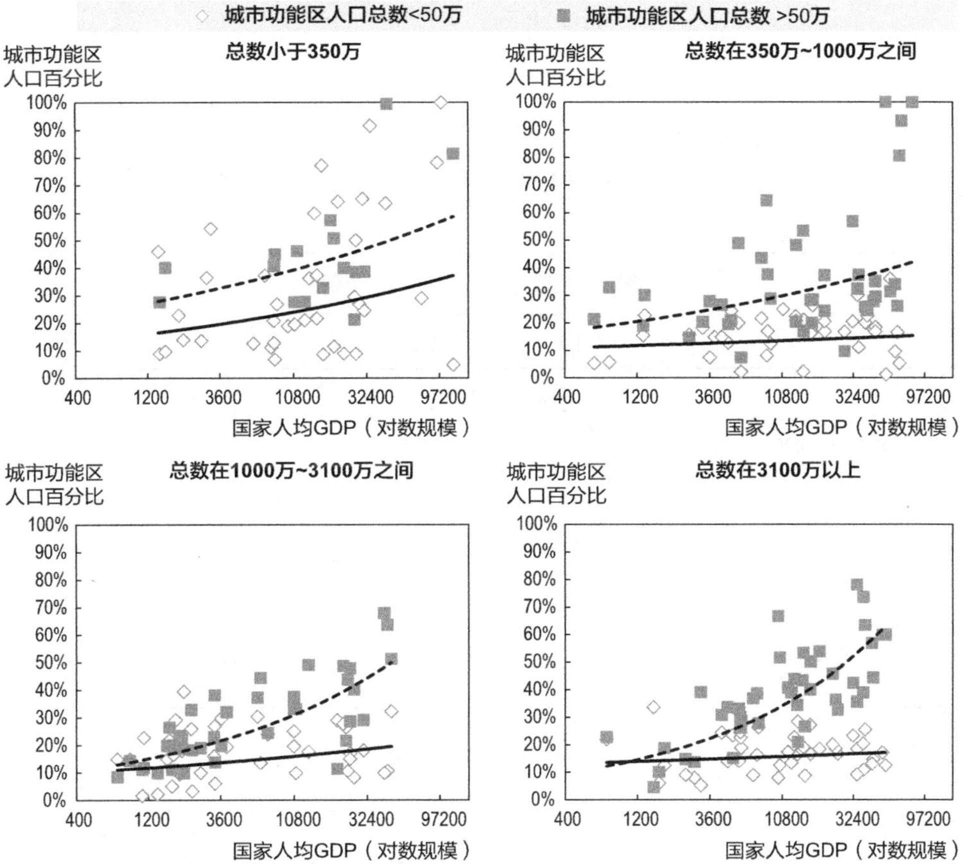

注：每个小组代表44个国家。从1990年和2000年的大都市区人口比例来看，也存在类似的模式。

资料来源：经合组织根据世界银行的GDP数据和2019年GHSL数据包中的人口数据计算，Florczyk,A.等人（2019[2]），*GHSL数据包2019（数据库）*http://dx.doi.org/10.2760/06297。

附件3.C 资源出口国与非资源出口国

自然资源与城市系统（2015年） 附表3.C.1

该单元报表统计系数不为0

因变量为大都市区人口份额（0到1）				
	（1）	（2）	（3）	（4）
	欧盟+经合组织		其他	
制造业（占GDP的百分比）	0.40	0.40	-0.07	0.93**
	（0.53）	（0.58）	（0.34）	（0.45）
服务业（占GDP的百分比）	1.62***	2.02***	0.60***	0.48*
	（0.51）	（0.66）	（0.20）	（0.26）
自然资源出口（占商品出口总额的百分比）	0.13	0.84	0.17***	0.44
	（0.19）	（1.17）	（0.05）	（0.36）
制造业×自然资源出口		3.50		-2.00***
		（3.24）		（0.65）
服务业×资源出口		-1.53		-0.05
		（1.86）		（0.67）
国家	36	36	82	82
R^2	0.63	0.65	0.50	0.54

注：包括世界各区域的国家总人口和模型。只包括有行业部门组成资料的国家。异方差-括号中的一致标准错误。
*p<0.1，**p<0.05，***p<0.01。
资料来源：数据来自世界银行的行业部门构成数据和2019年GHSL数据包中的人口数据，Florczyk,A.等人，（2019[2]），*GHSL数据包2019（数据库）*，http://dx.doi.org/10.2760/06297。

附图3.C.1　发展中国家的结构转型和大都市区人口

在多数大都市区，从服务业向制造业的转型并没有明确的联系

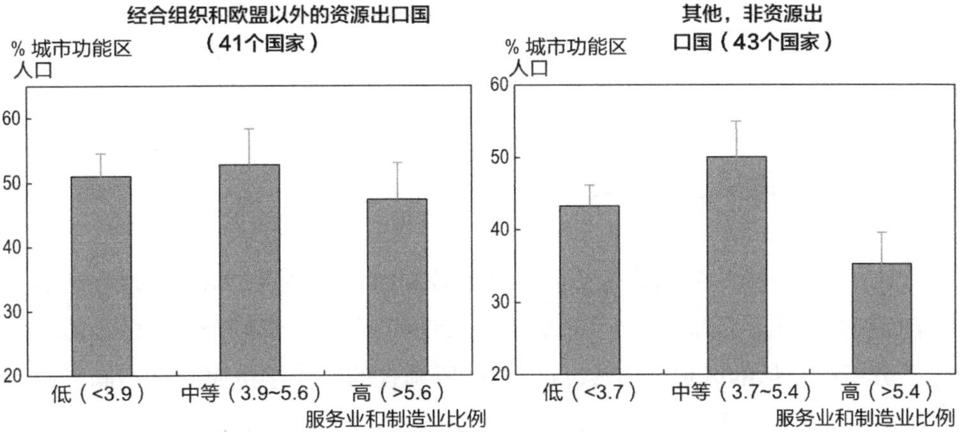

注：国家值的未加权平均数。横向类别是三种类型的制造业增值份额比例。只包括有现有行业部门资料的国家。报告了90%的置信区间。欧盟和经合组织以外的资源出口国是用自然资源出口占总商品出口份额的中值来定义的。

资料来源：经合组织根据世界银行的行业部门组成数据和2019年GHSL数据包中的人口数据计算，Florczyk,A.等人.（2019[2]），*GHSL数据包2019（数据库）*，http://dx.doi.org/10.2760/06297。

附图3.C.2　资源出口型和非资源出口型发展中国家的都市区系统和制造业

自然资源部分地打破了工业化与大都市区增长之间的联系

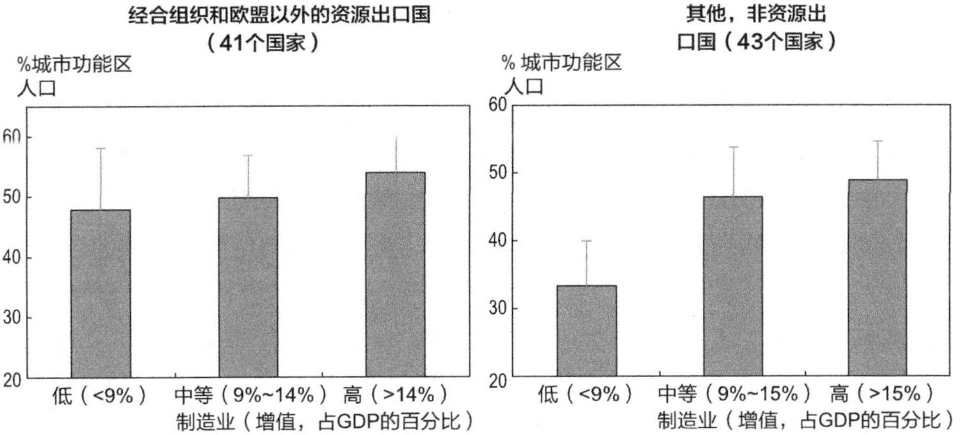

注：国家值的未加权平均数。横向类别是三种类型的制造业增值份额比例。只包括有现有行业部门资料的国家。报告了90%的置信区间。欧盟和经合组织以外的资源出口国是用自然资源出口占总商品出口份额的中值来定义的。

资料来源：经合组织根据世界银行的行业部门组成数据和2019年GHSL数据包中的人口数据计算，Florczyk,A.等人.（2019[2]），*GHSL数据包2019（数据库）*，http://dx.doi.org/10.2760/06297。

附件3.D 补充资料和表格

区域数据的描述和建设

用于实证分析的数据集是不同来源的数据组合和协调的结果。最终产品是一个面板数据集，涵盖1975年、1990年、2000年和2015年82个国家的1522个区域[1]。分析中包括的区域/国家数目可能因所调查的具体年份而有所不同。由于提供的数据有限，不同国家采用了不同的国家以下行政级别。

人均GDP（2005年购买力平价固定和教育年限的资料[2]来自Gennaioli等人，（2014[47]）。这是一个不平衡的面板，在1950年和2010年之间至少涵盖了两个时间点。就人均GDP而言，采用了官方（国家统计部门）和（在无法获得的情况下）非官方来源（估计措施）的组合。教育年限是指15岁以上人口从小学起的平均受教育年限。这些资料来自国家统计部门和（或）公用微观数据系列（IPUMS）。

经合组织统计数据库更新和统一了2000~2015年大多数经合组织国家[3]的GDP值。[4]然后，对于GDP和教育措施，采用插值和外推方法，如果数据尚未获得，则一致地将数值分配给参考年份1975年、1990年、2000年和2015年。特别是在两个或多个时间点之间使用线性插值是没有限制的。相反，只有当参考年份和最接近的年份有可用信息时，才采用样本外线性外推。

计算每个区域的总人口和居住在大都市区的人口比例。区域一级的控制变量，如纬度、离海岸的距离、疟疾指标、石油和天然气生产以及首都所在区域的指标取自Gennaioli等人（2014[47]）。关于33个国家687个地区的一个子集，本书还提供了1990~2010年某个时间点的迁入移民和迁出移民存量及其教育水平的数据。

列入区域数据集的国家名单　　附表3.D.1

ISO代码	国名	ISO代码	国名	ISO代码	国名
ALB	阿尔巴尼亚	GTM	危地马拉	NOR	挪威
ARE	阿拉伯联合酋长国	HND	洪都拉斯	NPL	尼泊尔
ARG	阿根廷	HRV	克罗地亚	PAK	巴基斯坦
AUS	澳大利亚	HUN	匈牙利	PAN	巴拿马
AUT	奥地利	IDN	印度尼西亚	PER	秘鲁
BEL	比利时	IND	印度	PHL	菲律宾
BEN	贝宁	IRL	爱尔兰	POL	波兰
BGD	孟加拉国	IRN	伊朗	PRT	葡萄牙
BGR	保加利亚	ITA	意大利	PRY	巴拉圭
BIH	波斯尼亚和黑塞哥维那	JOR	约旦	ROU	罗马尼亚
BOL	玻利维亚	JPN	日本	RUS	俄罗斯
BRA	巴西	KAZ	哈萨克斯坦	SLV	萨尔瓦多
CAN	加拿大	KEN	肯尼亚	SRB	塞尔维亚
CHE	瑞士	KGZ	吉尔吉斯共和国	SVK	斯洛伐克共和国
CHL	智利	KOR	韩国	SVN	斯洛文尼亚
CHN	中国	LKA	斯里兰卡	SWE	瑞典
COL	哥伦比亚	LSO	莱索托	THA	泰国
CZE	捷克共和国	LTU	立陶宛	TUR	土耳其
DEU	德国	LVA	拉脱维亚	TZA	坦桑尼亚
DNK	丹麦	MAR	摩洛哥	UKR	乌克兰
ECU	厄瓜多尔	MEX	墨西哥	URY	乌拉圭
EGY	埃及	MKD	北马其顿	USA	美国
ESP	西班牙	MNG	蒙古	UZB	乌兹别克斯坦
EST	爱沙尼亚	MOZ	莫桑比克	VEN	委内瑞拉
FIN	芬兰	MYS	马来西亚	VNM	越南

续表

ISO代码	国名	ISO代码	国名	ISO代码	国名
FRA	法国	NGA	尼日利亚	ZAF	南非
GBR	英国	NIC	尼加拉瓜		
GRC	希腊	NLD	荷兰		

注：1. 其中35个是欧盟或经合组织成员国。读者可参考附表3.D.1整个国家名单。
2. 关于2000年教育年限的资料，7个国家的数据未获得：BIH、GTM、NGA、NPL、UKR、UZB和VEN。
3. 除了CZE、DNK、EST和LVA之外，Gennaioli等人的值（2014 [47]）被使用。
4. 该处强调了本书的GDP数值与经合组织计量之间的一些不一致之处，因为不同来源使用的GDP标准不同。因此，以下5个区域被认为是异常值，从样本中删除：安托法加斯塔（智利）、坎佩切州（墨西哥）、奥斯陆（挪威）、特拉华（美国）和哥伦比亚特区（美国）。尽管如此，得到的结果依然准确。

资料来源：Gennaioli，N.等人，（2014 [47]），"区域增长"，http://dx.doi.org/10.1007/s10887-014-9105-9；Gennaioli，N.等人，（2013 [48]），"人力资本和区域发展"，http://dx.doi.org/10.1093/qje/qjs050。

附图3.D.1 大都市区的人均收入相对于其国家（2015年）

人均GDP，仅经合组织国家

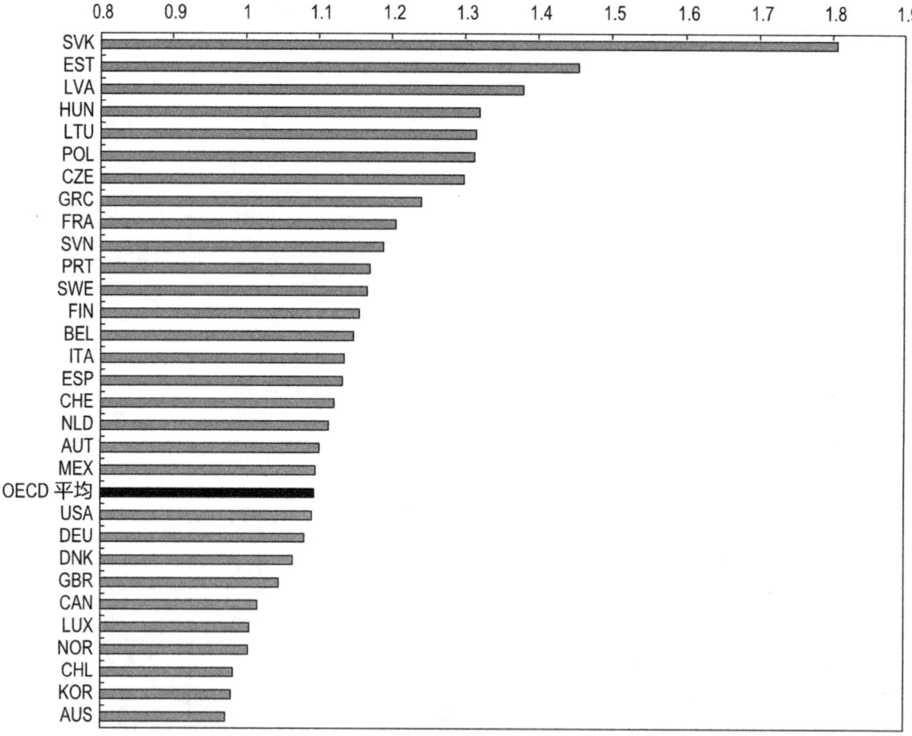

注：此处显示了城市功能区相对于其国家的人均GDP比例（采用人口加权后）。

资料来源：经合组织（n.d. [52]），*经合组织大都市数据库*，https://stats.oecd.org/Index.aspx？Datasetcode=CITIES。

4 大都市区的增长

本章提供了近四十年来大都市区（城市及其通勤区）增长的主要趋势和近期发展的新视角。它记录了世界各地新的大都市区的出现，并分析了什么类型的都市区增长最快，以及有多少和什么类型的都市区人口正在萎缩。也评估了一些主要因素，解释了现有大都市区的增长和衰退。

关键信息

- 人口在各种规模的大都市区都有增长，但在较大的大都市区则增长最快。人口超过100万的大都市区每年比较小的都市区增长快半个百分点，自2000年以来，其新居民增加了4亿多人。增长最快的是人口超过500万的大都市区。随着较小的大都市区的增长，人口超过500万的大都市区的数量在短短25年内翻了一番。
- 然而，发展中国家，特别是非洲和南亚的总体人口增长，也导致了小规模都市区的扩散。因此，许多城镇发展成为至少有5万人口的大都市区，非洲和南亚的1亿多人口生活在1990年以来出现的大都市区。小规模都市区的这种增长给这些世界区域的决策者带来了不同的挑战，例如，在哪里投资，怎样投资基础建设，以及如何最大限度地增加机会和减少贫穷。
- 在全球范围内，尽管城市人口总体增长，但仍然有五分之一的大都市区的人口在减少。其中大多数位于东亚和欧洲国家，这些国家的总体人口增长停滞或正在减少。人口少于100万的大都市区最容易遭受人口损失；2000~2015年期间，东亚和欧洲三分之一以上人口少于100万的大都市区出现人口减少或停滞。
- 许多因素与人口规模有关，在较小程度上与大都市区的人口增长有关。政治地位、市场准入和地理区位又与大都市区的规模有关。此外，即便在考虑到城市规模之后，首都的年平均增长率也高出0.8个百分点。市场可达性对过去和现在的增长都很重要。沿海和沿通航河流的城市不仅规模更大，而且在世界上一些地区也表现出更快的增长速度。

导言

如何衡量城市，对于理解城市的发展是很重要的。城市和郊区扩张的过程，往往发生在行政边界之外或密集的城市中心之外。本章使用城市功能区（以下称为大都市区）的概念作为观察单元。大都市区由至少5万人口的城市及其周围的通勤区组成（即城市周围的地区，其中很大一部分人口每天从这里往返于城市）。由于没有全球大多数国家的通勤数据，所以在此估算每个大都市区的范围［参考MorenoMonroy，Schiavina和Veneri（2020 [1]）的参考细节］。涵盖整个大都市区和仅覆盖这座城市，两者有很大的不同。在2015年，近54%的世界人口生活在大都市区，而城市则是48%。

在分析大都市区的演变时，可以看到四种不同的模式。第一，较发达国家在大都市区的人口份额较大（图4.1）。第3章详细分析了经济发展与都市圈的关系。第二，世界人口日益集中在非常大的大都市区。如何管理这些大城市是至关重要的，因为它们现在的人口占世界人口的三分之一以上，且将继续增长。第三，未来并不完全取决于大都市区。发展中世界的人口增长导致非洲和亚洲小规模都市区迅速扩大。第四，大量的大都市区正在经历人口下降。在经合组织国家和东亚部分地区，人口增长停滞不前，大都市区，特别是中小城市地区的人口正在流失。因此，如何管理人口下降是一个紧迫的政策问题。

图4.1　按国家收入分列的大都市区人口比例

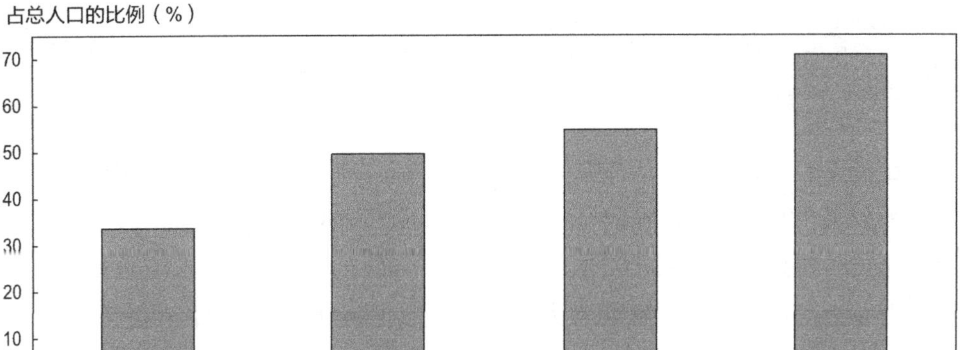

注：这一数字按国家收入类别列示了2015年生活在大都市区的总人口所占的比例。收入群体遵循读者指南中解释的世界银行国家分类。
资料来源：经合组织根据城市中心数据库GHS-UCDB R2019A计算，Florczyk,A等人，（2019 [2]），*GHS城市中心数据库2015，多时相与多维属性，R2019A*，https://data.jrc.ec.europa.eu/dataset/53473144-b88c-44bc-b4a34583ed1f547e。

根据全球大都市区的定义，世界各地有超过9000个大都市区，拥有近40亿人口。约70%的大都市区的人口在5万～25万之间。然而，在大都市区，只有

20%的人口居住在此。相比之下，只有1%的大都市区有500多万人口，但在这94个大都市区中，有26%的全球人口居住于此。大都市区的剩余人口大致平均分布在25万～100万和100万～500万之间（表4.1）。由于大都市区可以包含多个城市，大都市区的数量可能与城市的数量不同。

大都市区的规模和人口份额（1990年和2015年）　　表4.1

规模	1990			2015		
	人口（百万）	数量大都市区（个）	大都市区人口份额（%）	人口（百万）	数量大都市区（个）	大都市区人口份额（%）
<25万	560	4545	21	772	6271	20
25万～100万	751	1625	28	969	2088	25
100万～500万	821	413	31	1162	575	29
>500万	520	51	20	1026	94	26
共计	2652	6634	100	3929	9028	100

注：在本表中的1990年，我们不包括1990年没有城市中心的大都市区。在2015年，我们包括2015年拥有城市中心的所有大都市区。计算人口的大都市区的边界在2015年两个时期都是固定的。
资料来源：经合组织根据城市中心数据库GHS-UCDB R2019A计算，Florczyk, A等人，（2019[2]），*GHS城市中心数据库2015，多时相与多维属性，R2019A*，https://data.jrc.ec.europa.eu/dataset/53473144-b88c-44bc-b4a34583ed1f547e。

在世界大多数地区，居住在大型都市区的人口比例自2000年以来有所增加。北美和东亚在2015年居住在大型都市区（>500万）的人口比例最高（36%）。然而，北美的高数据自1990年以来仍相对下降了4%。相比之下，只有11%的撒哈拉以南非洲都市人口生活在非常大的都市区，而近36%的人口仍然生活在小规模的都市区。撒哈拉以南非洲的较少人数反映了两个事实。第一，该区域的大规模城市化是一个相对较新的现象，因此其城市仍比经历较长城市化时期的世界其他地区小。第二，它反映了许多撒哈拉以南非洲国家的规模很小。

大都市区不同规模阶层的人口分布与经济发展密切相关。一个国家越发达，超过100万的大都市区的人口就越多（图4.2）。高收入国家居住在大型都市区的人口比例最高（66%）。相比之下，在低收入国家的大都市地区，仅有35%的居民生活在大（100万～500万）或超大（>500万）的大都市地区。

图4.2　按人口规模和收入分列的大都市区人口比例（2015年）

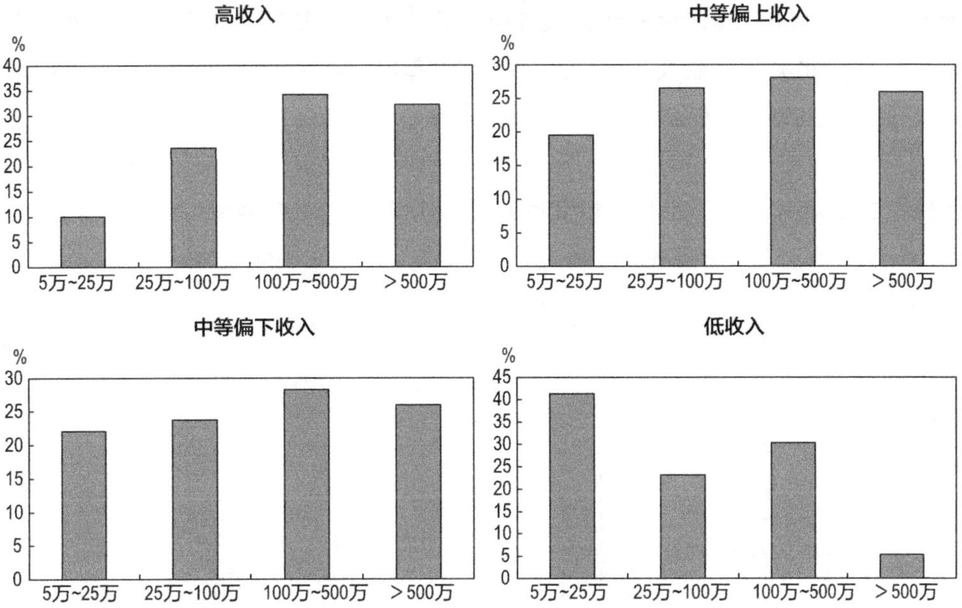

注：这一数字描述了2015年按大都市区规模类别分列的大都市区总人口的比例。人口按收入类别进一步分类。大都市规模类别在2015年已定义，使用2015年边界内的人口。
资料来源：经合组织根据城市中心数据库GHS–UCDB R2019A计算，Florczyk,A等人，（2019[2]），*GHS城市中心数据库2015，多时相与多维属性，R2019A*，https://data.jrc.ec.europa.eu/dataset/53473144-b88c-44bc-b4a34583ed1f547e。

4000个新形成的大都市区

世界正处于人口统计的转折点。在人口增长率增加50年之后，世界大多数地区出生率下降，导致世界许多地区人口增长明显放缓。然而，在这些全球动态之下，国家层面的人口特征和趋势存在重大差异。一些国家的生育率和人口增长率仍然很高。而在另一些国家，生育率已下降到更替水平，但人口水平将在几十年内持续增加，因为大量年轻人可以活的比预期寿命更长久。在越来越多的国家，出生率已经低于更替率，预计在未来几十年，人口将迅速老龄化和逐渐收缩，在某些情况下，人口迁移到其他国家会使情况更加恶化。

国家层面的人口增长趋势也反映在大都市区的人口增长率上。特别是在快速增长的国家，国家层面的人口增长推动了大都市区在规模分布上的增长。图4.3表明，大都市区层面的人口增长（只考虑到2000年已经存在的大都市区）

反映了世界大多数地区非大都市区的人口增长率。然而，在除南亚以外的世界所有区域，2000～2015年期间，大都市区的年人口增长超过了其地区以外的人口增长。在北美和东亚及太平洋地区，这种差异最为明显，大都市区的人口增长几乎是其以外地区的两倍。

图4.3　按世界区域分列的总人口增长率和大都市区人口增长率（2000年和2015年）

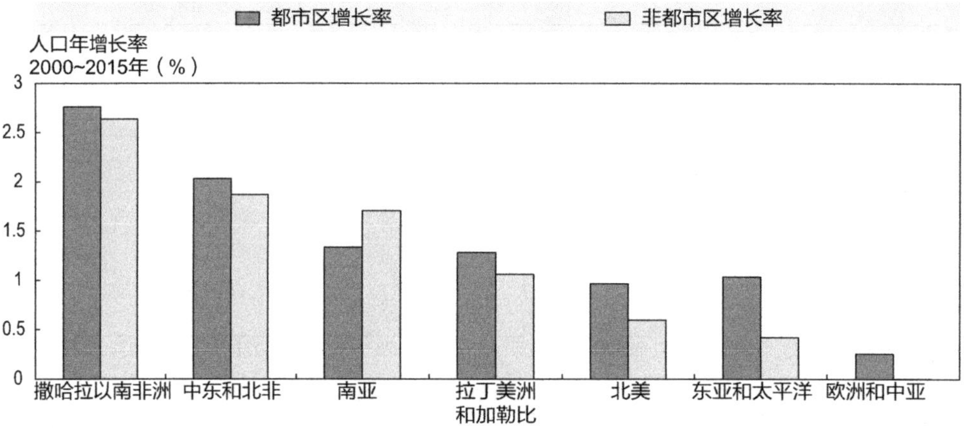

注：该数字描述了2000年大都市区人口的年增长率和2000～2015年按区域划分的大都市区以外人口的年增长率。现有都市区的样本包括那些在2000年有城市中心的地区。这些增长率是用各地区的总人口变化来计算的，因此以人口来加权。大都市区的边界是在2015年确定的，大都市区内的所有人口增长都发生在2015年的边界内。

资料来源：经合组织根据城市中心数据库GHS-UCDB R2019A计算，Florczyk,A等人，（2019[2]），*GHS城市中心数据库2015，多时相与多维属性，R2019A*，https://data.jrc.ec.europa.eu/dataset/53473144-b88c-44bc-b4a34583ed1f547e。

Stat Link https://doi.org/10.1787/888934130360

人口迅速增长促进了非洲和南亚新的和小型都市区的增长

近几十年来，发展中国家人口迅速增长的一个结果是新的大都市区急剧出现。与大型都市区一样，发展中国家的城镇也迅速增长。这是由自然人口增长（由于高生育率加上低死亡率）和农村地区人口向城镇和小型都市区流动所驱动的。从1975年到2015年，许多城镇已经达到了大都市区的定义标准。

1975～2015年间，大约出现了4000个新的大都市区，即在40年内新兴大都市区增长超过40%。近40年来，中等偏下收入国家的新都市区数目增长最快，特别是在撒哈拉以南非洲的低收入国家，超过一半的现有都市区在1990年时还是一个城镇（图4.4），这意味着撒哈拉以南非洲有5000万人生活在1990年还是城镇的大都市区。

虽然围绕非洲城市化的叙述，主要集中在最大的大都市区，但小型都市区的增长对非洲的城市化提出了一个独特的挑战（见专栏4.1关于在非洲投资的政策挑战的讨论），与几十年或几个世纪以来经历城市化的较发达的世界地区相比，这是非洲大陆城市化初期的标志。在高收入国家，如经合组织和欧盟国家，大多数大都市区在1975年之前就已经存在。换句话说，在1975年后出现的大都市区中，欧盟和经合国家只占9%。

专栏4.1　何处投资才能更大程度地消除贫困，大都市区还是小城镇

小型都市区的扩张增长对非洲和中东的城市化提出了独特的挑战。发展中国家围绕城市化的讨论大多涉及总体措施，政策讨论主要集中在最大的大都市区。然而，正如本节所示，小型都市区正在迅速增长，占城市增长的很大份额。在非洲和中东，自2000年以来，不足100万的城市吸收了一半以上的新都市居民。

由于较小的都市区有减少贫穷的潜力，政府和决策者面临的问题是公共投资应该针对较小的都市区还是最大的都市区。虽然最大的都市区相较小型的都市区，能提供更高的收入和生活水平，但从事非农业行业的农民越来越倾向于搬到小型的都市区。在非洲，一些农民即使不改变职业也搬到城市，成为城市农民。这些较小的都市区在减贫方面的作用尚不明确。最近国内外证据表明，当人们迁移到大都市区时，贫困的减少幅度更大。但是，由于人口数量多，人口增长所占比例大，小型都市区可能有助于总体上更大的减贫。在坦桑尼亚，相对于较小的都市区，搬到大都市区提供了较大的收入溢价和生活水平，但大多数人选择搬到较小的都市区，并从事当地的非农业就业（Christiaensen，De Weerdt和Kanbur，2016 [3]）。因此，次级都市区可能总体上在减贫方面发挥了更大的作用。在印度，计量经济分析时，利用夜灯作为城市增长的衡量指标，研究表明，相比于大都市区的增长，较小的都市区的增长对减少农村贫困产生了更大的影响。（Gibson等人，2017 [4]）。

资料来源：Christiaensen，L.和R.Kanbur（2017 [5]），“次级城镇与减贫：重新确定城市化议程”，http://dx.doi.org/10.1146/annurev-resource-100516-053453；Christiaensen，L.，J.DeWeerdt和R.Kanbur（2016 [3]），“城市化与减贫：坦桑尼亚二级城镇的作用”，*国际城市组织分析和政策简报*；Gibson，J.等人（2017 [4]），“为解决印度的农村贫困，增长的城镇比增长的城市更重要”，http://dx.doi.org/10.1016/j.worlddev.2017.05.014。

图4.4　跨收入阶层的大都市区的形成年代

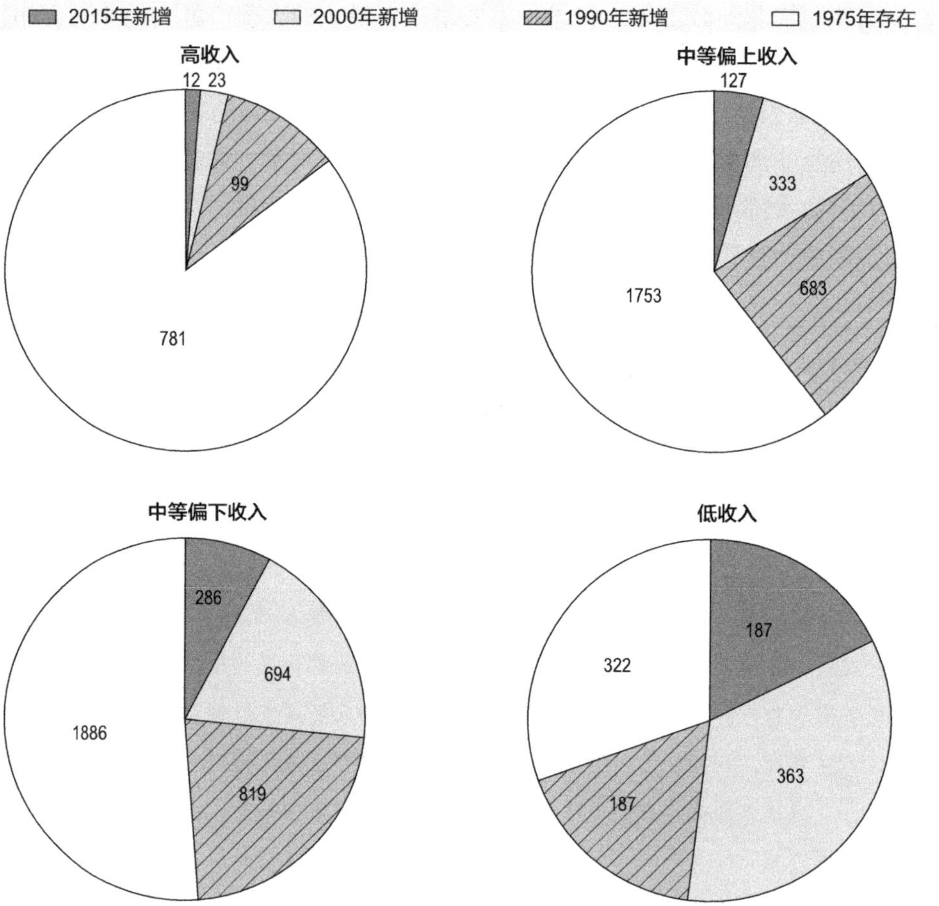

注：这一数字反映了按收入水平分列的在每个时期取得这一地位的大都市区在2015年存在的大都市区中所占的份额。
资料来源：经合组织根据城市中心数据库GHS-UCDB R2019A计算，Florczyk,A等人，（2019 [2]），*GHS城市中心数据库2015，多时相与多维属性，R2019A*，https://data.jrc.ec.europa.eu/dataset/53473144-b88c-44bc-b4a34583ed1f547e。

Stat Link https://doi.org/10.1787/888934130379

都市区人口的增长

人口增长集中在世界各地的大都市区

总体而言，世界人口日益向大都市区汇集。不仅大都市区的发展速度快于中小型都市区，而且一些中小型都市区也发展成为大都市区。在全球范围内，无论国家是经历了人口快速增长还是人口下降，都市区的人口增长大多发生在较大的和非常大的都市区。自2000年以来，人口超过100万的都市区的人口增长率超过了非都市区的0.4%。人口增长速度也快于人口不足100万的都市区（约超0.5%）。因此，世界大都市区人口增长的近60%发生在2000年人口超过100万的542个大都市区，占2000年大都市区人口的50%左右。最大的都市区人口超过500万，且增长更快。平均而言，这些大都市区的增长速度比中型和小型都市区快了1%。

图4.5按规模类别和收入水平显示了2000～2015年都市区人口的平均年增长率。除了高收入国家外，人口增长率在最大的都市区最高，往往远远超过非都市区人口增长率。除拉丁美洲和加勒比以外，所有区域的人口增长率与都市区面积之间的关系都是成正比的。在欧盟和经合组织国家中，虽然小型都市区和大都市区之间的增长率似乎在增加，但这些差异的幅度很小（0.12%），各大都市区的增长差异在统计上并不显著。同样，在拉丁美洲，不同规模的都市区增长速度也基本相同。

在全球范围内，人口超过500万的大都市区有一半以上位于亚洲；尽管整个区域的总体人口增长较慢，但这些地区的人口仍在以每年2%以上的速度增长。这些大都市区的人口增长在东亚超过1%，在南亚超过0.5%。2000～2015年，仅500多万人口的大都市区就增加了大约1.5亿人，占全球都市增长的22%，而在2000年，这些大都市区人口仅占世界总人口的15%。除中国和印度外，增长最快的是中等偏下收入和中等偏上收入国家，如缅甸、巴基斯坦、泰国和越南。经历自然灾害和冲突的国家（包括阿富汗和尼泊尔在内）的大都市区也出现了快速增长。特别是东亚各大都市区的增长与总体人口增长的下降同时发生，这对中小型都市区造成了不成比例的影响（详细讨论见缩小的大都市区一节）。

在撒哈拉以南非洲，大都市区的增长速度比中型都市区快了1%。首都人口的高度集中推动了非洲和中东这些低收入国家的快速城市化。在这些地区，最大的都市区通常是人口在100万～500万的首都。增长速度超过5%的国家包括阿布贾、巴马科、贝鲁特、达累斯萨拉姆、迪拜、利隆圭、罗安达和瓦加杜古。如继续保持这些增长率，巴马科、迪拜和瓦加杜古在未来十年内都将超过

500万人口。虽然大都市区在撒哈拉以南非洲增长最快，但中小型都市区并不落后。[1]因此，撒哈拉以南非洲可能会从以新都市区的出现为主要特征的城市化早期阶段发展到以大都市区增长和人口集中为主要特征的更高阶段（详见第3章）。

图4.5　按人口规模和收入分列的大都市区年人口增长（2000～2015年）

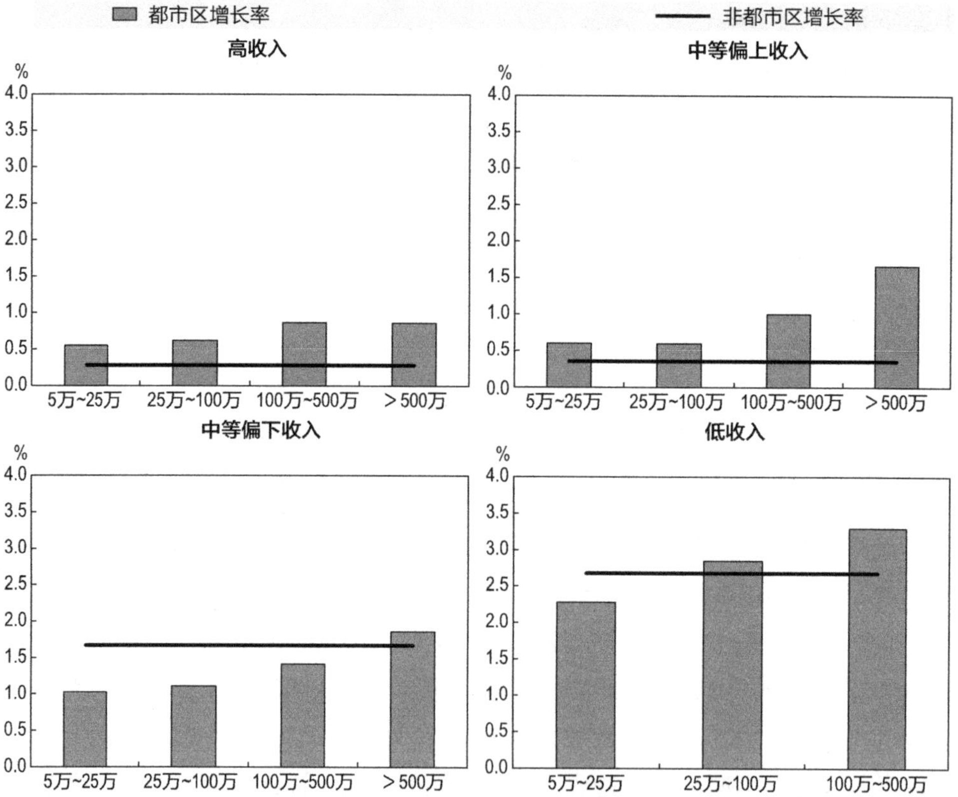

注：这一数字描述了2000～2015年期间大都市区的年增长率。样本中不包括2015年被归类为大都市区，但2000年还没有被归类的地区。大都市区的边界于2015年确定。增长率是通过2000～2015年期间每个大都市区和收入群体内总人口的年增长率来计算的。大都市地区的规模类别是用2000年的定义计算的。由于低收入国家的观测数量很少，特大型都市区（超过500万人口）往往与大型都市区相结合。

资料来源：经合组织根据城市中心数据库GHS-UCDB R2019A计算，Florczyk,A等人，（2019[2]），*GHS城市中心数据库2015，多时相与多维属性，R2019A*，https://data.jrc.ec.europa.eu/dataset/53473144-b88c-44bc-b4a34583ed1f547e。

Stat Link https://doi.org/10.1787/888934130398

撒哈拉以南非洲大都市区增长的一个驱动因素是城市自然人口增长。所谓的“城市推动”是由于城市地区的生育率持续居高不下，而死亡率却下降到较低水平。虽然生育率传统上与城市化同时下降，但在非洲城市，生育率仍然高于每名女性4个子女（详见专栏4.2）。这些趋势加上来自较小都市区和农村地区的人口迁移，正在促进撒哈拉以南非洲都市区人口的迅速增长。研究人员和政策制定者已经提出了这样的担忧，即这种增长会创造一个城市化与增长之间的脱节（Jedwab，Christiaensen和Gindelsky，2017 [6]）。第一，即使穷人生活水平没有提高，大都市区也可能扩大。第二，由于自然人口的增加加速了城市的增长，它会产生城市拥堵效应，这可能会降低集聚的好处。总之，贫穷国家城市自然人口的增加可能会直接导致“贫困的城市化”，世界上生活在城市地区的穷人所占的比例随着时间的推移而上升。虽然大多数现有的研究似乎减轻了这种担忧，但发展中国家的城乡工资和收入差距仍然很大（Ravallion，2002 [7]；Ravallion，Chen和Sangraula，2007 [8]）。

专栏4.2　发展中国家城市的生育率

大多数地区的生育率有所下降，但在非洲的城市或是农村地区，其生育率仍然很高。评估41个发展中国家不同城市化水平的生育率表明，农村地区的生育率比城市高50%。一般来说，生育率遵循明显的城乡梯度，农村地区的生育率最高，城市最低，城镇和半密集地区在其中间（图4.6）。在撒哈拉以南非洲和拉丁美洲，生育率的空间差异特别大。安哥拉、布基纳法索和科特迪瓦的生育率差异超过每名女性2.5个子女，因此，生育率的城乡差异最大。相比之下，在孟加拉国和多米尼加共和国，现有数据表明，不同城市化水平背景下，生育率没有很大差异。

虽然许多地区的生育率明显下降，但在撒哈拉以南非洲地区，特别是农村地区的生育率仍然极高。尽管对比2000年的6.2个有所下降，2015年非洲农村地区的平均生育率仍然超过每名女性5.5个子女。即使在非洲城市，总生育率为平均每名女性生育近4个子女，这解释了非洲城市和大都市区的快速增长。相比之下，在南亚城市，生育率正在接近更替率，2000～2015年期间从3.0降至2.1。

图4.6 城市、城镇和半密集地区以及农村的总生育率

2015年41个发展中国家的生育率

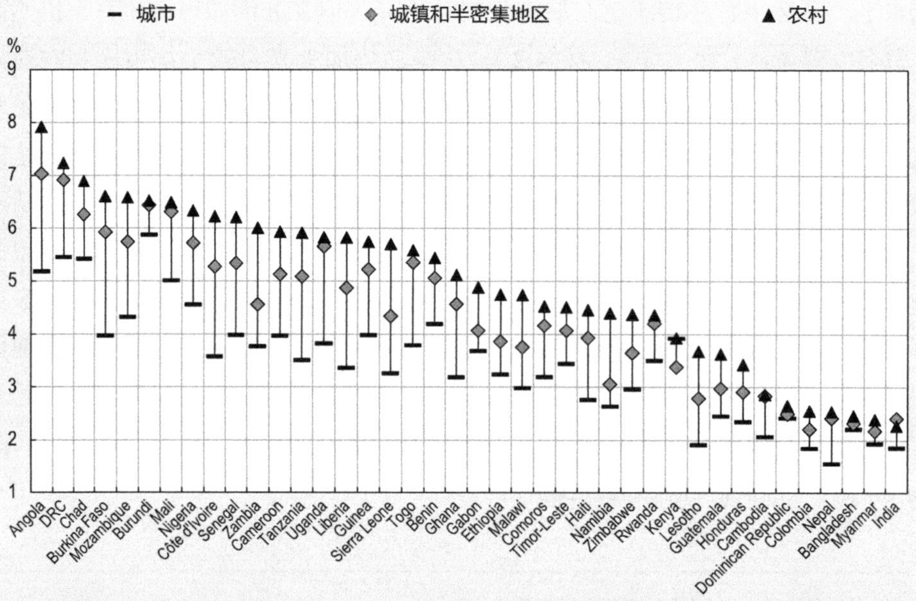

注：总生育率：将几组间隔5岁的（15～19、20～24、45～49）女性最近（过去三年）的生育经历相加，以衡量并假设女性在整个生育期内生育的子女总数，即特定年龄的生育水平。

资料来源：DHS（ICF，2016[9]）；Henderson，V.等人（2019[10]），"城市化与人口和健康：城市分类的新视角"。

快速增长的大都市区的一个后果是特大城市的崛起（即拥有1000多万人口的大都市区）。1990～2015年期间，出现了10个新的特大城市，主要位于撒哈拉以南非洲和亚洲。6个超过500万人口的大都市区的年增长率超过3%，所有这些都位于亚洲，包括班加罗尔、北京、达卡、曼谷、上海和胡志明市。在所有6个案例中，2000～2015年期间，国家总人口增长放缓，而最大的都市区的人口继续急剧增加，表明人口集中在最大的都市区。

2015年最大的20个都市区

世界上最大的都市区主要位于亚洲。在2015年最大的20个都市区中，有13个在东亚和太平洋或南亚（表4.2）。仅这20个大都市区就有4.43亿人口。东京是世界上人口超过3600万的最大都市区，其次是德里和雅加达，人口约3000

万。在世界上最大的20个国家中，亚洲以外的大都市区有开罗（2300万）、圣保罗（2200万）、墨西哥城（2100万）、纽约-纽瓦克（2000万）、莫斯科（1600万）、洛杉矶（1600万）和布宜诺斯艾利斯（1500万）。

世界上最大的都市区　　表4.2

排名	大都市区	2015年人口	国家	地区
1	东京	3650万	日本	东亚和太平洋
2	德里	3010万	印度	南亚
3	雅加达	2980万	印度尼西亚	东亚和太平洋
4	上海	2690万	中国	东亚和太平洋
5	马尼拉	2500万	菲律宾	东亚和太平洋
6	首尔	2430万	韩国	东亚和太平洋
7	开罗	2350万	埃及	中东和北非
8	加尔各答	2310万	印度	南亚
9	孟买	2230万	印度	南亚
10	圣保罗	2170万	巴西	拉丁美洲和加勒比
11	墨西哥城	2140万	墨西哥	拉丁美洲和加勒比
12	北京	2130万	中国	东亚和太平洋
13	达卡	2040万	孟加拉国	南亚
14	纽约-纽瓦克	1950万	美国	北美
15	大阪	1760万	日本	东亚和太平洋
16	广州	1670万	中国	东亚和太平洋
17	莫斯科	1640万	俄罗斯	欧洲和中亚
18	曼谷	1630万	泰国	东亚和太平洋
19	洛杉矶	1570万	美国	北美
20	布宜诺斯艾利斯	1500万	阿根廷	拉丁美洲和加勒比

注：此表描绘了2015年世界上15个最大的都市区。
资料来源：经合组织根据城市中心数据库GHS-UCDB R2019A计算，Florczyk,A等人，（2019[2]），*GHS城市中心数据库2015，多时相与多维属性，R2019A*，https://data.jrc.ec.europa.eu/dataset/53473144-b88c-44bc-b4a34583ed1f547e

世界上最大的20个都市区中的多数都比其他大都市区增长得更快。从2000年到2015年，它们平均增长了29%，而世界各地其他大都市区的增长率为20%（图4.7）。北京、曼谷、上海和达卡在2000～2015年期间增长最快，分别增长了68%、65%、61%和60%。大阪是世界上20个最大都市区中唯一一个没有增长反而人口停滞不前的城市。

图4.7　20个增长最大的都市区（2000～2015年）

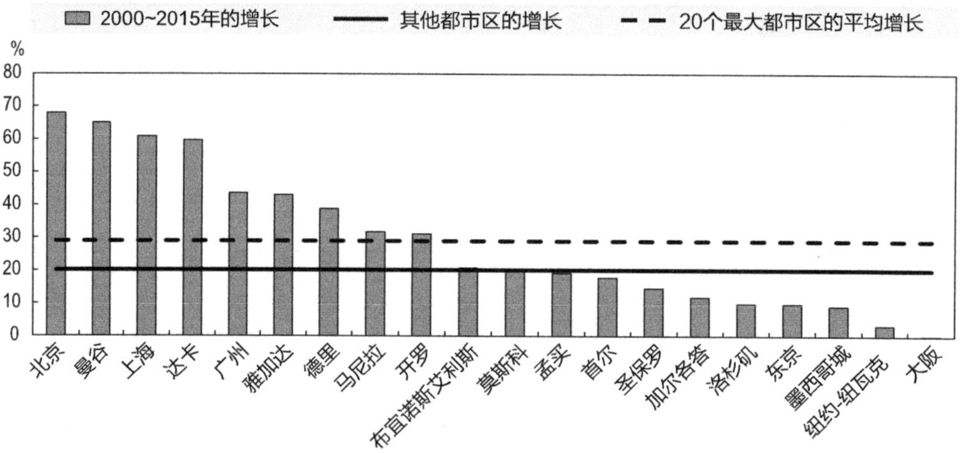

注：这一数字描述了2015年世界20个最大都市区2000～2015年期间的总增长。它将世界20个最大都市区2000～2015年的平均增长与同期所有其他都市区的平均增长进行了比较。
资料来源：经合组织根据城市中心数据库GHS-UCDB R2019A计算，Florczyk,A等人，（2019 [2]），*GHS城市中心数据库2015，多时相与多维属性，R2019A*, https://data.jrc.ec.europa.eu/dataset/53473144-b88c-44bc-b4a34583ed1f547e。

亚洲最大都市区的人口快速增长，显著改变了世界最大都市区的排名。1975年，世界上最大的20个都市区中只有9个亚洲大都市区；现在有13个（表4.3）。相反，伦敦、巴黎和芝加哥，即两个欧洲和一个北美大都市区，在1975年还是最大的，但到2015年已经从这一名单中下降，被不同的亚洲地区超越。纽约在1975年还是第二大都市区，但在2015年刚刚跻身世界最大的15个都市区名列。

最大的都市区（1975年） 表4.3

排名	大都市区	1975年人口	2015年人口	地区
1	东京	2510万	3650万	东亚和太平洋
2	纽约-纽瓦克	1640万	1950万	北美
3	大阪	1550万	1760万	东亚和太平洋
4	加尔各答	1450万	2310万	南亚
5	墨西哥城	1420万	2140万	拉丁美洲和加勒比
6	首尔	1360万	2430万	东亚和太平洋
7	孟买	1260万	2230万	南亚
8	圣保罗	1170万	2170万	拉丁美洲和加勒比
9	德里	1100万	3010万	南亚
10	开罗	1040万	2350万	中东和北非
11	洛杉矶	1010万	1570万	北美
12	雅加达	960万	2980万	东亚和太平洋
13	伦敦	930万	1260万	欧洲和中亚
14	巴黎	890万	1120万	欧洲和中亚
15	莫斯科	870万	1640万	欧洲和中亚
16	布宜诺斯艾利斯	850万	1500万	拉丁美洲和加勒比
17	名古屋	780万	960万	东亚和太平洋
18	芝加哥	760万	880万	北美
19	泗水	650万	1080万	东亚和太平洋
20	里约热内卢	640万	1080万	拉丁美洲和加勒比

注：本表显示了1975年世界上15个最大的都市区，并描述了1975年和2015年的人口情况。
资料来源：经合组织根据城市中心数据库GHS-UCDB R2019A计算，Florczyk,A等人，（2019[2]），*GHS城市中心数据库2015，多时相与多维属性，R2019A*，https://data.jrc.ec.europa.eu/dataset/53473144-b88c-44bc-b4a34583ed1f547e。

缩小的都市区

在全球范围内，面积缩小的大都市区数量正在增加。大都市区的快速萎缩可能会导致经济活动减少、就业机会减少、空置和废弃建筑数量增加。许多因素可能会影响大都市区在何处、何时衰退，包括外迁、产业损失和自然资源枯竭等。在人口增长缓慢的国家，大都市区之间对经济和知识资源的竞争加剧，可能加剧了一些大都市区的衰落。较大的都市区往往吸引人口和生产性工人，而许多中小型都市区正经历着资本和人力资源的外流。这种动态导致大都市区人口更加集中（表4.4）。

缩小的都市区（2000～2015年）　　表4.4

规模	都市区总数	按规模类别分列的缩小的都市区比例（%）	缩小的都市区数量	总体下降的都市区比重				合计（%）
				>10%	10%～5%	5%～2.5%	<2.5%	
<25万	6256	19	1181	37	29	17	17	100
25万～100万	2086	20	426	37	32	13	18	100
100万～500万	574	14	78	10	40	17	33	100
>500万	94	2	2	50	50	0	0	100
共计	9010	19	1687	7	6	3	3	

注：本表提供了2000～2015年期间规模缩小的都市区数量。此外，它还包括这一期间缩小的都市区在每个规模类别中所占的份额。规模定义由2000年的人口决定，统计数字中只包括2000年被归类为大都市的地区。

资料来源：经合组织根据城市中心数据库GHS-UCDB R2019A计算，Florczyk,A等人，（2019 [2]），*GHS城市中心数据库2015，多时相与多维属性，R2019A*，https://data.jrc.ec.europa.eu/dataset/53473144-b88c-44bc-b4a34583ed1f547e。

大多数缩小的都市区的人口不到100万。中小型都市区也倾向于以更快的速度萎缩（详见下一节）。在2000～2015年期间记录人口流失的近1700个都市区中，95%的人口不到100万。自2000年以来，37%的小规模和中等规模都市区失去了10%以上的总人口。在同一时期，另外30%的都市区损失了5%～10%的人口。

不出所料，都市区的缩减往往与国家一级的人口趋势同时发生，特别是自然人口流失和外迁。正如本章开头所描述的，在过去半个世纪里，全球生育率急剧下降。在欧洲和经合组织的许多国家，20多年来生育率一直低于更替水平。尽管东亚部分地区的生育率仍然大部分高于更替率，其生育率也出现了类似的下降。到2002年，除墨西哥和土耳其外，经合组织所有国家的总生育率都低于“更替”水平。[2]然而，下降的时间和速度因国而异。与此同时，国际迁移加剧了中欧和东欧以及东南亚一些国家的人口转型，加剧了人口流失，从而导致大都市区面积减少。[3]综合起来，仅国家一级的自然人口增减和移民率就解释了欧洲和中亚大都市区52%的人口增长差异。（Restrepo Cadavid等人，2017 [11]）。

在全球范围内，近20%的都市区人口在过去15年中下降。与2000年相比，这些衰落的都市区的人口2015年减少了4500万。由于人口众多，自2000年以来下降的1700个都市区中，70%以上分布在中国、印度、印度尼西亚、日本、俄罗斯和乌克兰6个国家。都市区衰落的问题不是一个孤立的问题，而是关系到亿万人民的重大问题。截至2015年，4.4亿人生活在人口下降的都市区，这给决策者带来了相当大的挑战和影响。

正如预期的那样，城市系统衰退模式的差异与总体人口变化有关（图4.8）。由于人口趋势和国内迁移以及向其他国家的移民，东亚和欧洲受都市区人口流失的冲击最大。爱沙尼亚、罗马尼亚和塞尔维亚等国几乎在其所有都市区都经历了人口流失。然而，即使在人口总体增长的国家，许多都市区人口也在下降，如法国、德国、意大利、韩国和西班牙。同样，许多拉丁美洲和东亚国家的都市区也经历了类似的人口流失模式，同时总体人口缓慢或适度增长。

人口少于100万的都市区最有可能衰减

首都大都市区以及总体上较大的都市区在吸引人口方面具有优势，而较小的都市区则面临着萎缩的风险。除美洲外，人口不到100万的都市区的萎缩风险远高于大型都市区（图4.9）。然而，即使是东亚和欧洲的大型都市区也面临风险。东亚和欧洲的中小型都市区的下降比例大致相同（平均36%），令人惊讶的是，在这两个区域中，大型都市区的下降比例也同样高（约27%），只有很大的大都市区能避免人口下降的风险。两个拥有500多万人口的大都

图4.8　人口增长与都市区衰减比例（2000～2015年）

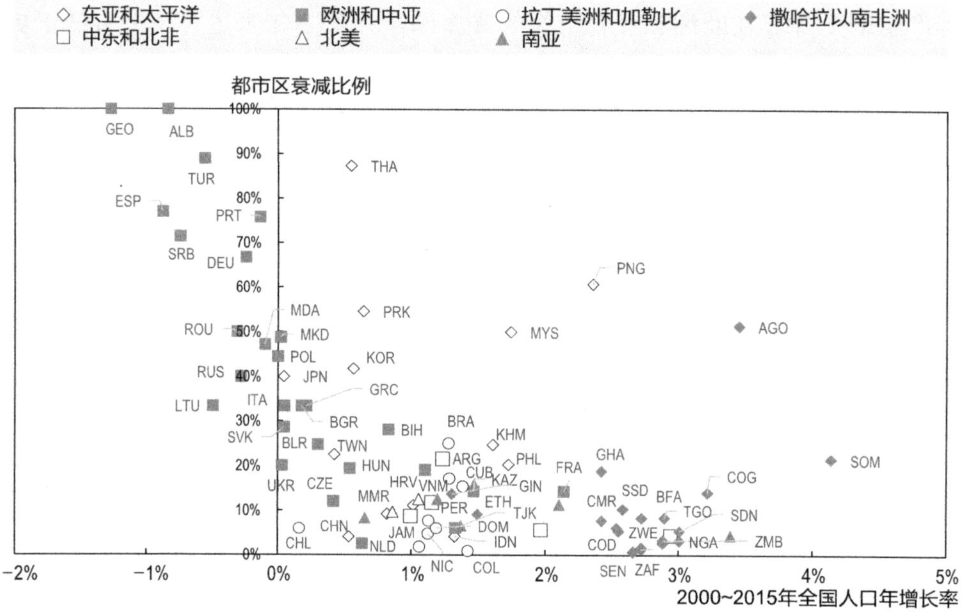

注：这一数字显示了2000～2015年期间全国年度人口增长与同期衰减的大都市区比例之间的关系。计算包括2000年拥有城市中心的大都市区。含有不到5个大都市区的国家被排除在这一数字之外。

资料来源：经合组织根据城市中心数据库GHS-UCDB R2019A计算，Florczyk,A等人，（2019 [2]），*GHS城市中心数据库2015，多时相与多维属性，R2019A*，https://data.jrc.ec.europa.eu/dataset/53473144-b88c-44bc-b4a34583ed1f547e。

图4.9　按规模和世界区域分列的衰减的都市区比例（2000～2015年）

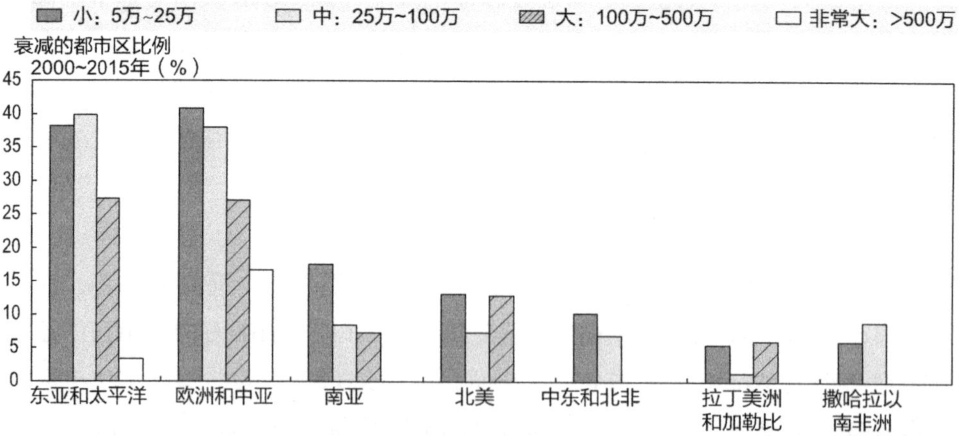

注：这一数字显示了按人口规模分列的各区域2000～2015年期间人口负增长的都市区所占的份额。2000年没有城市中心的大都市区被排除在计算之外。2000年和2015年的人口定义为2015年边界范围内的总人口。

资料来源：经合组织根据城市中心数据库GHS-UCDB R2019A计算，Florczyk,A等人，（2019 [2]），*GHS城市中心数据库2015，多时相与多维属性，R2019A*，https://data.jrc.ec.europa.eu/dataset/53473144-b88c-44bc-b4a34583ed1f547e。

专栏4.3　管理衰退的政策选择

管理城市衰退发生在地方和国家两级，必须通过企业、业主、居民和各级政府之间的参与来进行。以下是各国最近为控制衰退而采取的一系列政策选择。

- **适应土地利用**。美国的大都市区正在通过适应性土地使用规划来应对人口下降。为了尽量减少房地产空置和城市萧条，像弗林特、密歇根州和俄亥俄州扬斯敦这样的城市集中了公共投资，在高密度街区提供服务，同时将空置地区转化为绿地。通过提供更多的绿地，这些大都市区使城市环境更加宜居，遏制了城市衰落的浪潮。此外，弗林特还建立了一个土地银行，旨在帮助大都市区获取空置土地并管理其使用。土地银行不允许土地投机，而是将空置的房产合并出售给开发商。
- **寻找新的角度，增加都市区竞争力**。许多正在衰落的大都市区试图通过将重点放在新兴经济部门，如技术、创意产业或旅游业，来调整其经济基础。尽管可能不足以完全扭转人口下降的趋势，但是地方经济的成功调整可以给衰退的城市以明智的方式管理衰退的新机会。这种方法的一个成功例子是西班牙毕尔巴鄂。毕尔巴鄂不得不做出巨大的努力来改变它的经济基础，自1980年代以来，随着经济的衰退，它一直在苦于发展钢铁和重金属工业。随后，“毕尔巴鄂大都市30号”成立，作为一个专门机构，执行旨在建立服务型经济基础的大都市区战略发展计划。这一发展计划下最著名的标志之一是古根海姆博物馆的建设。根据该计划，大都市区还投资旧工厂的再生，如将它们改造成艺术中心，并支持发展配套的旅游基础设施、技术园区和集群协会，以促进创意产业的整合（例如信息和通信技术集群、设计和家具行业）。
- **通过公私伙伴关系振兴大都市区内部**。美国匹兹堡市也面临人口减少和郊区化的问题，大都市区内部遭受人口流失、隔离和贫困，而更广泛的大都市区则增加了人口。20世纪80年代初，大都市区通过以高等教育（利用卡内基梅隆大学作为吸引点）和医疗保健为重点的服务，转向多元化的经济基础。

资料来源：Cadavid，P.等人，（2017 [12]），东欧和中亚的城市：城市增长和衰退的故事http://documents.worldbank.org/curated/en/319131510892209158/Cities-in-Europe-and-Central-Asia-a-shifting- story-of-urban-growth-and-decline。

市区出现人口下降：中国的重庆和德国的鲁尔地区（Restrepo Cadavid等人，2017 [11]）。

大都市区增长的决定因素

虽然人口增长是一个很好的指标，证明一个大都市区正在吸引人们和经济活动，但不能确定是什么决定了这种增长。事实上，大都市区的增长有多种原因。传统上，城市增长的过程是由推拉因素造成的。农业生产率的提高减少了农村地区的就业，并将农村人口推向大都市地区。工业部门的崛起——例如在国际贸易的强力推动下——将人们吸引到大都市区，因为这些部门将从集聚经济中获益。除了强有力的经济激励措施外，大都市区还提供了许多便利设施，这些设施受到愿意搬到那里的人的重视，包括适宜的气候、医疗保健、公共交通、教育和文化机会（见第2章）。一些大都市区也在增长，因为其监管环境优良，比同一国家其他大都市区更有利于城市扩张。

虽然全国人口的增长或下降严重影响大都市区的增长，但各国的增长率仍存在很大的差异。大多数国家的都市地区增长率的离散度（标准差）都略低于1%。虽然这听起来并不多，但要考虑到，在许多国家，平均人口增长率远低于1%（图4.10）。因此，增长速率的平均离散率和平均增长速率一样高。在欧盟和经合组织国家尤其如此，那里大多数国家的人口总增长率都很低，大都市区的增长率差别很小。[4]人口增长较快的国家，特别是在撒哈拉以南非洲地区，大都市区的人口增长往往不那么均匀。增长率差异非常大（超过2%）的国家往往受到长期内战或近期自然灾害的影响，包括刚果民主共和国、缅甸、尼泊尔和南苏丹共和国。以下小节分析了促进或抑制大都市区发展的关键因素。

图4.10　大都市区增长率与国家人口增长的关系（2000～2015年）

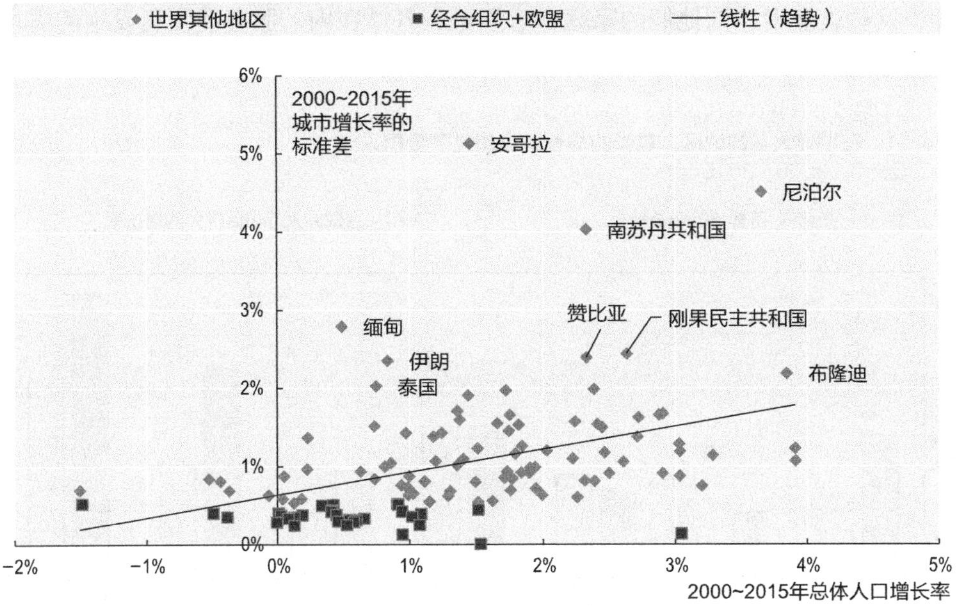

注：此图显示按国家分列的大都市区增长率的标准差。这一数字中的样本包括2000年至少有4个大都市区的国家。2000年没有城市中心的大都市区被排除在计算之外。

资料来源：经合组织根据城市中心数据库GHS-UCDB R2019A计算，Florczyk,A等人，（2019[2]），*GHS城市中心数据库2015，多时相与多维属性，R2019A*，https://data.jrc.ec.europa.eu/dataset/53473144-b88c-44bc-b4a34583ed1f547e。

大都市区的行政地位

在世界上，80%以上国家的首都是该国最大的都市区，平均而言，大约是最大的非首都都市区的两倍。与最大的非首都都市区相比，首都都市区最大的是拉丁美洲和加勒比，其次是撒哈拉以南非洲和东亚。在大约20个国家中，首都的规模超过了最大的非首都都市区8倍甚至更多（图4.12）。[5]

在2000～2015年期间，除经合组织国家外，世界所有区域的首都均增长得更快。即使考虑到首都地区比其他都市区大，首都地区的年增长率也达到近0.8%。虽然已被证实全球首都都市区规模较大，但目前尚不清楚为什么它们在被控制规模后仍继续增长得更快。撒哈拉以南非洲和南亚是首都都市区增长最快的地区，这些地区的首都每年（图4.11）增长1.7%。

由于一些原因，首都都市区往往比一个国家的其他都市区大得多。首先，首都都市区提供了其他都市区无法获得的工作或便利设施。政府和许多位于首都地区的机构和组织，如国际组织、媒体和社会团体，创造了高薪的工作。此外，这些就业者连同他们的家庭，对学校和餐饮在内的服务和便利设施的需求也会增加。

图4.11　在世界大多数地区，首都的增长速度超过了全国人口
人口增长率（2000～2015年）

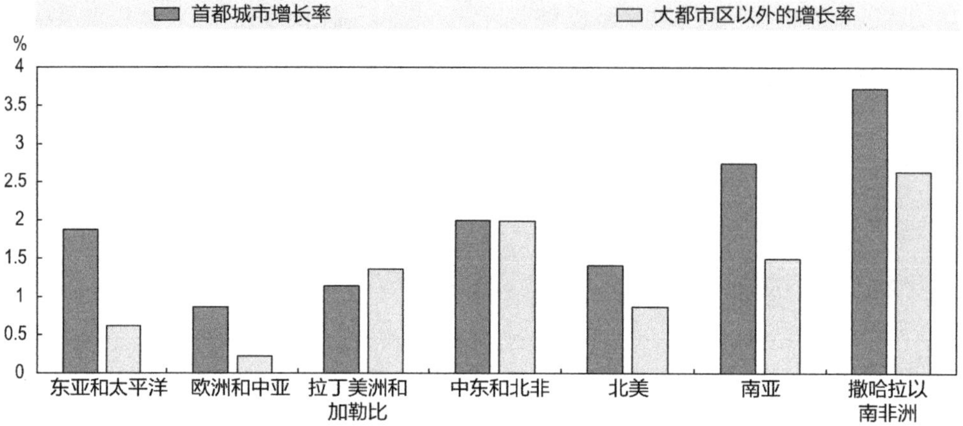

注：这一数字显示了2000～2015年期间首都地区的平均人口增长和国家人口增长。世界区域一级的增长率取平均。
资料来源：经合组织根据城市中心数据库GHS-UCDB R2019A计算，Florczyk,A等人，（2019 [2]），*GHS城市中心数据库2015，多时相与多维属性，R2019A*，https://data.jrc.ec.europa.eu/dataset/53473144-b88c-44bc-b4a34583ed1f547e。

政治制度为首都的重要地位提出了另一种解释。在非民主国家或更集权的国家，如非洲某些地区或集权的西方民主国家，首都享有的规模优势特别大。在寻租行为较多的权力模式中，一个大的首都都市圈为领导人提供了一个政治基础，在这里，资源可以很容易地分配（Ades和Glaeser，1995 [13]）。这种集权进一步鼓励人们搬到首都去。[6]在民主国家，来自其他区域的需求导致更公平的资源分配，从而削弱首都都市区的优势地位（Karayalcin和Ulubasoglu，2020 [14]）。这一发现也被本书中使用的关于大都市区和全球定义的新数据所证实。

来自经合组织国家的证据表明，民主国家与联邦制国家相比，中央集权程度更高的政府往往拥有更大的资本（经合组织，2015 [15]）。图4.12显示（浅色条），与联邦制国家相比，单一国家的首都人口往往比同一国家的其他都市区人口更多。这种模式在控制国家大小时也适用。[7]虽然联邦政府可能会把首都设在较小的城市，这一模式有另一种解释，即拥有更强大政府的首都往往会变得更大。

图4.12　一国首都的都市区人口相对于最大的非首都都市区的比率

联邦国家为浅色，非联邦国家为深色

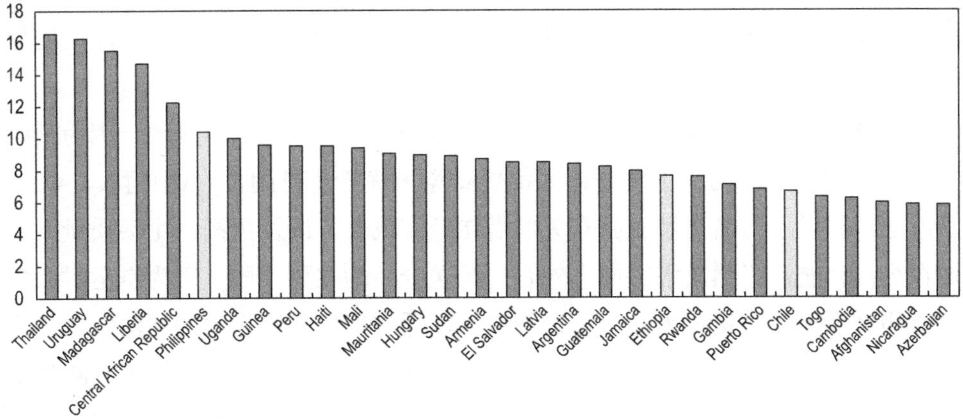

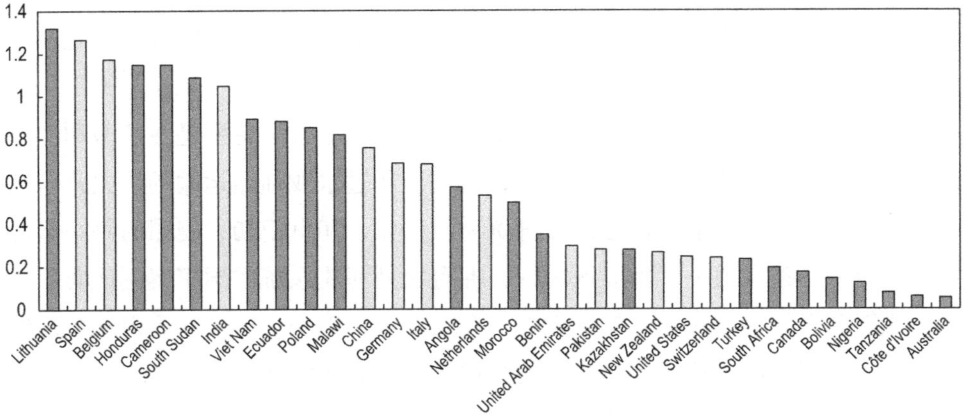

注：此图为首都城市人口除以最大非首都城市人口。在某些情况下，首都是全国最大的非首都城市的16倍以上。联邦国家显示为浅色阴影。

资料来源：经合组织根据城市中心数据库GHS-UCDB R2019A计算，Florczyk,A等人，（2019 [2]），*GHS城市中心数据库2015，多时相与多维属性，R2019A*，https://data.jrc.ec.europa.eu/dataset/53473144-b88c-44bc-b4a34583ed1f547e。

贸易和市场连通性对规模和增长的影响

除了国家人口和行政因素，地理位置是决定都市区面积大小的主要因素之一。都市区的位置决定了影响人口增长和经济发展的许多因素。然而，传统区位因素的影响很可能正在下降。由于技术和经济的变化，地理区位与一个都市区发展之间的相互作用已经转变。随着时间的推移，运输成本、技术和商品交易方式的变化减少了特定地点的吸引力。例如，随着贸易成本的下降，粮食可以从更远的地方进口，这降低了接近生产性土地、水资源和其他地理特征的重要性。最新的证据表明，全球范围内，一个区域的经济活动受农业适宜性的影响随着时间的推移而下降，而其对参与国际贸易的重要性却在增加（Henderson等人，2018 [16]）。

在全球范围内，海上贸易和海洋准入增加了都市区的人口规模，因为沿海都市区和位于通航河流上的都市区都更有竞争优势（见附件4.A中附表4.A.1）。沿海地区提供了与航运和旅游有关的潜在经济机会，以及更高的生活质量。即使在今天，航运仍然是各国向海外客户运送产品的主要手段，因为空运对大多数货物来说仍然太贵。因此，靠近港口，降低与出口货物有关的运输成本，为都市区提供了相对优势。所以在世界大多数地区，沿海都市区平均比内陆都市区大20%。特别是在撒哈拉以南非洲和南亚，沿海都市区要大30%。在欧盟和经合组织国家中，沿海都市区具有较小的规模优势，沿海和内陆都市区之间的差异显著性较弱。

全球范围内位于可通航河流上的都市区规模会更大，特别是在欧盟和经合国家。历史上，公路和铁路并不普及，货物是通过水或陆路运输的。因此，在可能的情况下，都会沿水修道以促进贸易。例如，20世纪初，美国的每一个都市区均位于一条水道上。世界区域内，拥有大型河流系统的国家案例证实了靠近河流能获得较大的正面影响。例如，在阿根廷、巴西、埃及和委内瑞拉，位于河流上的都市区面积比各自国家的其他都市区面积大30%～100%。

虽然位于沿海和通航河流是都市区面积的重要决定因素，但它们对最近人口增长的影响并不统一（见附件4.A中附表4.A.2）。全球范围内地处沿海地区的发展有好也有坏。正在经历城市变化和结构转型的世界区域，沿海都市区正在增长。相反，气候变化和全球化带来的威胁限制了世界其他地区沿海都市区的增长。

近几十年来，运输和通信成本的下降导致了国际贸易和全球化的扩大。因此，非洲、拉丁美洲和中东的沿海都市区因更容易接近运输条件、更有利于增长的贸易路线而受益。例如，2000～2015年期间，非洲和中东的沿海大都市区的增长速度每年提高0.5个百分点。然而，在容易发生自然灾害和工业衰退的沿海都市区，沿海地区却增长变缓。例如，印度和美国增长最慢的沿海都市区位于过去20年来遭受重大自然灾害的地区。在2000～2015年期间，比洛西和新奥尔良等大都市区是美国增长最慢的都市区之一，安得拉邦和泰米尔纳德邦沿岸的许多大都市区在受旋风影响的区域出现负增长。此外，在可通航河流上的大都市区的增长比其他大都市区要慢得多，特别是在非洲、北美和南亚。

市场潜力是以居住在都市区周围一定半径内的人口数量来衡量的，影响着全球都市区的增长。[8]令人惊讶的是，在全球范围内有大量人口且居住在一定半径范围内的都市区的增长速度，比附近居住人口较少的地区的增长速度慢。这一结果可能说明了附近有更多都市区的权衡。更多的邻区可以充当竞争对手，既可以吸引客户，也可以吸引人力资本。

参考文献

Ades, A. and E. Glaeser (1995), "Trade and circuses: Explaining urban giants", *The Quarterly Journal of Economics*, Vol. 110/1, pp. 195–227, https://academic.oup.com/qje/article-abstract/110/1/195/1893966. [13]

Cadavid, P. et al. (2017), *Cities in Eastern Europe and Central Asia: A Story of Urban Growth and Decline*, World Bank, http://documents.worldbank.org/curated/en/319131510892209158/Cities-in-Europe-and-Central-Asia-a-shifting-story-of-urban-growth-and-decline. [12]

Christiaensen, L., J. De Weerdt and R. Kanbur (2016), "Urbanization and poverty reduction: The role of secondary towns in Tanzania", *IOB Analyses & Policy Briefs*. [3]

Christiaensen, L. and R. Kanbur (2017), "Secondary towns and poverty reduction: Refocusing the urbanization agenda", *Annual Review of Resource Economics*, http://dx.doi.org/10.1146/annurev-resource-100516-053453. [5]

Florczyk, A. et al. (2019), *GHS Urban Centre Database 2015, Multitemporal and Multidimensional Attributes, R2019A*, Joint Research Centre (JRC), European Commission, https://data.jrc.ec.europa.eu/dataset/53473144-b88c-44bc-b4a3-4583ed1f547e. [2]

Gibson, J. et al. (2017), "For India's rural poor, growing towns matter more than growing cities", *World Development*, http://dx.doi.org/10.1016/j.worlddev.2017.05.014. [4]

Henderson, J. et al. (2018), "The global distribution of economic activity: Nature, history, and the role of trade", *Quarterly Journal of Economics*, Vol. 133/1, pp. 357-406, http://dx.doi.org/10.1093/qje/qjx030. [16]

Henderson, J. and H. Wang (2007), "Urbanization and city growth: The role of institutions", *Regional Science and Urban Economics*, Vol. 37/3, pp. 283-313, https://doi.org/10.1016/j.regsciurbeco.2006.11.008 (accessed on 14 August 2019). [19]

Henderson, V. et al. (2019), *Urbanisation and Demographic and Health Outcomes: Perspectives from a New Classification of Urban Areas*. [10]

ICF (2016), *Demographic and Health Surveys (various datasets)*. [9]

Jedwab, R., L. Christiaensen and M. Gindelsky (2017), "Demography, urbanization and development: Rural push, urban pull and ... urban push?", *Journal of Urban Economics*, http://dx.doi.org/10.1016/j.jue.2015.09.002. [6]

Jones, B. et al. (forthcoming), *Projecting Global Population Grids to 2100*, Publications Office of the European Union. [18]

Karayalcin, C. and M. Ulubasoglu (2020), "Romes without empires: Urban concentration, political competition, and economic growth", *European Journal of Political Economy*, Vol. 63, https://doi.org/10.1016/j.ejpoleco.2020.101870 (accessed on 14 August 2019). [14]

Moreno-Monroy, A., M. Schiavina and P. Veneri (2020), "Metropolitan areas in the world: Delineation and population trends", *Journal of Urban Economics*, https://doi.org/10.1016/j.jue.2020.103242. [1]

OECD (2015), *The Metropolitan Century: Understanding Urbanisation and its Consequences*, OECD Publishing, Paris, https://dx.doi.org/10.1787/9789264228733-en. [15]

OECD/SWAC (2020), *Africa's Urbanisation Dynamics 2020: Africapolis, Mapping a New Urban Geography*, West African Studies, OECD Publishing, Paris, https://dx.doi.org/10.1787/b6bccb81-en. [17]

Ravallion, M. (2002), "On the urbanization of poverty", *Journal of Development Economics*, Vol. 68/2, pp. 435-442, https://doi.org/10.1016/S0304-3878(02)00021-4. [7]

Ravallion, M., S. Chen and P. Sangraula (2007), "New evidence on the urbanization of global poverty", *Population and Development Review*, Vol. 33/4, pp. 667-701, https://doi.org/10.1111/j.1728-4457.2007.00193.x. [8]

Restrepo Cadavid, P. et al. (2017), *Cities in Europe and Central Asia: A Shifting Story of Urban Growth and Decline*, http://hdl.handle.net/10986/28972 (accessed on 14 August 2019). [11]

注释

1 预计到2050年前，撒哈拉以南非洲的城市和大都市区将成为全球增长速度最快的区域（Jones等人，即将出版[18]）。大多数非洲城市已经发展并将继续发展，进一步超越他们的行政边界，这突出表明需要使用一个基于空间和网格的定义，如大都市区，以充分了解其演变（OECD/SWAC，2020[17]）。

2 更替率为每名女性生育2.1个子女。在没有移民和死亡率不变的假设下，2.1的组群生育率将确保取代上一代人口，从而确保人口稳定。

3 几十年来，西欧吸引了大量来自中欧和东欧的移民。

4 只有三个经合组织国家的大都市区增长率标准差在1%以上：智利、韩国和土耳其。

5 为了分析近几十年来大都市区增长的决定因素，2000～2015年期间的大都市区人口增长率是根据一个地理特征来回归的，该地理特征衡量大都市区对生活、从事国内外贸易以及接近生产性农业用地的适宜性。此外，还包括一项初步市场潜力的衡量标准，以了解进入和接近周围城市群如何促进或限制大都市区增长。这些变量包括崎岖程度、疟疾稳定指数、靠近海岸和大河、降雨、降水、土地适合农业和土壤生物群落类型。纳入国家固定效应，以便结果能够比较地理变化和市场潜力对同一国家都市区增长的影响。

6 见Henderson和Wang（2007 [19]），以进一步讨论制度在大都市区增长中的作用。

7 为了分析政治制度对首都城市规模的影响，首都城市规模与下一个最大城市的比率在一个指标变量上回归，如果国家是联邦的，则为1。控制措施包括全国和地区的人口总数。

8 在这一分析中使用的市场潜力是通过在距大都市区中心5小时的行驶距离内对总人口进行求和来确定的，都市区本身的人口被排除在计算之外。

附件4. A　回归表

回归结果显示的大都市区规模的决定因素（2015年）　附表4.A.1

因变量为Log（2015年的人口）

	（1）	（2）
	欧盟+经合组织国家	世界其他地区
首都	2.268***	2.374***
	（0.182）	（0.122）
Log（TT首都）	−0.314*	−0.285**
	（0.155）	（0.143）
疟疾	0.244***	0.005
	（0.042）	（0.008）
崎岖度	0.075	−0.214***
	（0.063）	（0.063）
海岸<2.5万	0.094	0.279***
	（0.100）	（0.062）
Log（海岸分布）	−0.099	−0.154
	（0.189）	（0.184）
湖<2.5万	0.148	−0.303**
	（0.372）	（0.149）
河<2.5万	0.278**	0.269***
	（0.113）	（0.069）

续表

	(1)	(2)
	欧盟+经合组织国家	世界其他地区
港口<2.5万	0.027	0.339**
	(0.107)	(0.137)
温度	0.151***	0.029
	(0.041)	(0.028)
温度^2	-0.005***	-0.001
	(0.001)	(0.001)
降水	-0.266	0.122*
	(0.195)	(0.063)
发展时间	0.209**	-0.099
	(0.084)	(0.115)
土地适应性	0.008	0.300**
	(0.130)	(0.127)
最低海拔	-0.219	-0.132**
	(0.179)	(0.055)
国家固定效应	是	是
大都市区数量	1340	7590
R^2	0.279	0.222

注：本表提供了2015年地理特征对大都市区面积影响的估计，按欧盟+经合组织国家和世界其他地区进行区分。因变量为2015年大都市区人口的对数。包括但未显示的对照是生物群落的指标（根据生物学家的研究，一个地区预期会有的自然植被）。括号中的标准错误集中在国家一级。星号表示统计显著性水平：*$p<0.1$，**$p<0.05$，***$p<0.01$。

资料来源：经合组织根据城市中心数据库GHS-UCDB R2019A计算，Florczyk，A等人，(2019[2])，*GHS城市中心数据库2015，多时相与多维属性，R2019A*，https://data.jrc.ec.europa.eu/dataset/53473144-b88c-44bc-b4a34583ed1f547e。

回归结果显示的大都市区增长的决定因素（2000~2015年） 附表4.A.2

因变量为2000~2015年的人口年增长率

	(1)	(2)
	欧盟+经合组织国家	世界其他地区
Log（2000年的人口）	0.045	0.186**
	(0.040)	(0.079)
Log（Mkt潜在）	-0.006	-0.383***
	(0.093)	(0.138)
首都	0.220**	0.813
	(0.089)	(0.497)
Log（TT首都）	0.328	-0.607**
	(0.229)	(0.286)
疟疾	-0.142	0.023
	(0.121)	(0.030)
崎岖度	0.060	-0.149
	(0.131)	(0.221)
海岸<2.5万	-0.212**	0.084
	(0.078)	(0.138)
Log（海岸分布）	-0.116	-0.375
	(0.252)	(0.398)
湖<2.5万	-0.475***	0.445**
	(0.084)	(0.194)
河<2.5万	-0.242	0.060
	(0.156)	(0.164)

续表

	（1）	（2）
	欧盟+经合组织国家	世界其他地区
温度	-0.009	0.478**
	（0.091）	（0.228）
温度^2	0.030	0.070
	（0.070）	（0.049）
降水	0.002	-0.001
	（0.002）	（0.002）
发展时间	-0.078	0.103
	（0.117）	（0.266）
土地适应性	-0.279*	-0.149
	（0.140）	（0.217）
最低海拔	0.027	0.175
	（0.137）	（0.252）
国家固定效应	0.536***	0.203
大都市区数量	（0.093）	（0.200）
R^2	0.263	0.558

注：本表按全球宏观区域分列，提供2000～2015年期间地理特征对大都市区人口增长影响的估计。因变量是2000～2015年大都市区人口的年增速。包括但未显示的对照是生物群落的指标（根据生物学家的研究，一个地区预期会有的自然植被）。括号中的标准错误集中在国家一级。星号表示统计显著性水平：*$p<0.1$，**$p<0.05$，***$p<0.01$。

资料来源：经合组织根据城市中心数据库GHS-UCDB R2019A计算，Florczyk,A等人，（2019[2]），*GHS城市中心数据库2015，多时相与多维属性，R2019A*，https://data.jrc.ec.europa.eu/dataset/53473144-b88c-44bc-b4a34583ed1f547e。

5 城市的形态和可持续发展

本章利用全球对城市和大都市区的新定义，分析了世界各地城市不断变化的形态，探讨了城市的密集化和扩张如何影响可持续发展，揭示了大都市区分散的程度，即通勤区比城市本身增长得更快。在讨论和分析这些事态发展时，本章还评估了它们对城市流动性和人们遭受污染、洪水、风暴和海平面上升等威胁的影响。

关键信息

- 1975～2015年，居住在城市的人口增加了一倍多。这一增长导致城市数量增加一倍、现有城市扩大、原有城市更加密集。由于城市在面积上的扩张速度低于人口，城市密度上升，特别是在大城市（100万人口或更多）。小城市（不到25万人口）人口密度则随时间推移而下降。
- 在几乎所有增长的大都市区，通勤区的人口增长更快。即使在不断萎缩的大都市区，通勤区的增长或萎缩速度仍然低于城市，使得大都市区人口变得更少和更分散。
- 快速增长的城市，特别是低收入国家的城市，一直难以跟上人口增长的步伐。因此，四分之一的低收入城市人均资本存量较低，而且在不断减少；换句话说，它们变得更加拥挤和不发达。而另一个极端是，在高收入国家的五分之二城市中，人均资本存量较高，而且不断增长。这表明，贫穷国家的许多城市面临投资不足的境况，而富裕国家的某些城市可能面临大量投资，主要是为了弥补人口结构更加分散的问题。
- 不同城市对公共交通的使用有很大差异。许多欧洲城市为大部分人口提供了频繁使用公共交通的便利，其他城市主要提供低频出发的服务，例如北美。一些低收入城市确实提供了高频交通服务，但只向一小部分人口提供，非洲一些城市就是这样。
- 低密度城市需要在道路基础设施和公共交通上投入更多的资金来提供同等水平的服务。特别是从中等密度到低密度的转变会导致成本的大幅增加，而高密度和中等密度之间的转变则影响较小。
- 城市的污染程度高于人口密度较低的地区。大城市和低收入城市的空气污染往往特别高，如细颗粒物（PM2.5）。毫不奇怪，生活在城市的人对空气质量的满意度低于生活在城镇和半密集地区或农村地区的人。高收入国家的情况也是如此，即使那里的污染水平往往较低。
- 城市面临洪水、风暴和海平面上升的威胁。五分之一的城市居民面临百年洪灾。全球超过600个城市有可能被百年一遇的洪水完全淹没。低海拔沿海地区的城市人口比其他地区的城市人口增长更快。因此，14%的城市人口生活在易受风暴潮和海平面上升影响的地区。在城镇和半密集地区的人口中，10%暴露于风险之中，6%为农村人口。

导言

本章对城市的形态及其对可持续发展的影响进行了大量研究［参考经合组织（2018 [1]）］。城市与环境可持续性之间存在一种矛盾的关系。一方面，城市通过便利步行、骑自行车和高效公共交通提供人们污染相对较少的生活。在城市里，人们也倾向于住在较小的住宅，只需更少的能源就能实现供暖/制冷（参考Owen，2009 [2]）。另一方面，城市居民经常因细颗粒物质（PM2.5）或二氧化氮（NO_2）受到高度污染。[1]

由于担心较低的人口密度与城市的不断扩张会导致更糟糕的环境后果，许多国家和地方政策试图限制城市的空间扩张，从而维持甚至增加人口密度，即便在人口密度已经很高的国家也是如此。过去，由于没有一个全球性的城市定义，很难对城市进行准确的比较。众所周知，人口密度很难进行比较，因为它对城市边界的划分非常敏感。这就解释了为什么很多文献更关注随时间的变化，而不是密度水平。

在评估人口密度如何随时间变化之前，本书使用了这个新定义来比较人口密度水平。用于建筑和基础设施的土地数量也是如此。在此并没有建议高密度化和限制所有的成本，而是确定了不同的优先事项，从建造更多的建筑来适应快速增长的人口到建造更少的建筑并促进更有效地利用已经建造的建筑物。城市和社区密度对公共交通供应的成本以及有多少人可以方便地使用公共交通有很大影响。因此，本书提出了从扩大公共交通网络到鼓励高密度靠近公共交通的建议。

本章探讨城市密度及其随时间的变化。随后，它以大都市的视角来观察城市和通勤区的人口变化。接下来，它描述了城市的形态如何影响其对建筑物、道路和公共交通网络投资的需求。最后强调了城市面临污染、洪水和风暴的风险。

城市密集化和扩张

城市密度因收入水平和所在区域而不同

一般来说，一个国家的收入越高，其城市密度就越低。如第1章所示，低收入国家的城市密度最高，近10000人/km^2，与此相比，中等偏下收入国家为7200人/km^2，中等偏上收入国家为5300人/km^2，高收入国家仅为2800人/km^2。因此，低收入国家的城市密度几乎是高收入国家城市的4倍。这些平均数掩盖了许多例外情况，例如圣地亚哥、首尔和新加坡的人口密度超过7500人/km^2，但它们也属于高收入国家。

城市密度不仅因收入而异，而且因地区而异。在北美，城市人口密度为1700人/km^2，而中亚和欧洲接近4000人/km^2，东亚和太平洋5000人/km^2，北非、拉丁美洲和加勒比以及中东6000人/km^2，撒哈拉以南非洲和南亚8000人/km^2。因此，在一定的人口规模下，北美的城市面积将比撒哈拉以南非洲或南亚大4倍，比欧洲和中亚的城市大2倍。

平均而言，城市越大，人口越密集（图5.1）。这种密度梯度在高收入和中等偏上收入国家明显可见。然而，在低收入国家，这种梯度是不存在的：对低收入国家而言，四大类城市都有非常密集的人口。低收入国家城市密度高可能是由于小型住房和徒步出行的比例高，以及限制城市扩张的公共政策。收入群体之间的密度差异很大，抵消了城市规模的影响。例如，低收入国家的小城市密度是高收入国家特大城市密度的两倍多。

除了小城市外的城市变得越来越密集

通过对城市密度和收入在某一时间点上的比较，可以看出，随着收入的增加，城市密度应该下降，而小城市的密度应下降得更快。然而，从全球来看，城市密度并没有下降，反而增加了。这主要是由于密度增加的大城市和特大城市，增加了所有四个收入群体（图5.1）。与高收入国家相比，低收入和中等收入国家大城市密度增加更多。相比之下，小城市的人口密度确实下降了，而且中等偏下收入国家的降幅要比高收入国家大得多。这意味着，随着时间的推移，不同收入群体之间（特）大城市密度应的差异一直在扩大，而小城市的差异一直在缩小。

高收入国家的城市在1975年人口密度较低（图5.1）。从历史上看，这些城市确实有过更高的密度，但要观察这些城市，我们必须追溯到更久远的过去。在19世纪末20世纪初，大型有轨电车、火车和地铁系统的引入允许人们远离城市生活（Gonzalez-Navarro和Turner，2019 [4]）。从20世纪50年代开始，汽车拥有量的增加以及密集的道路和公路网络的建立进一步降低了城市密度（LeRoy和Sonstelie，1983 [5]）。美国处于这一趋势的前沿，其今天的城市密度是世界上最低的，即1640人/km^2。

在过去的40年里，城市密度发生了快速的变化。例如，1975年，澳大利亚、新西兰和美国的城市人口密度约为1500人/km^2。到2015年，澳大利亚和新西兰的密度增加到2000人/km^{2}左右。美国的城市密度也有所增加，但只有1640人/km^2。1975年，加拿大的城市密度高于美国（1900人/km^2），到2015年，加拿大的城市密度增加到2500人/km^2，其中大部分增加发生在过去15年里。其他国家的城市密度显著下降，因为它们的面积增长超过人口增长，或在少数情况下是因为人口减少。例如，韩国城市的密度从1975年的8000人/km^{2}降至2015年的7000人/km^2，而这些城市的人口却在增长。相反，罗马尼亚城市的人口密度从6000/km^{2}降至5000/km^2，部分原因是人口减少。

大多数国家的城市扩张并没有降低城市的总体密度。在五分之四的国家中，城市密度在1975～2015年期间有所增加。城市密度的总体增加意味着，城市初始边界内的密度增加，不会被后期城市扩张地区的较低密度所抵消。

密度从中心进一步下降

比较密度是如何随着与市中心距离的加大而下降的，可以发掘出一些普遍的模式和细微差异。有两种众所周知的通用模式，我们的数据证实了这一点，即离市中心越远，密度越低；城市越大，密度的降低则需要更大的距离空间（图5.2）。

有两个突出差异。根据国家的不同，1000万以下的城市，靠近中心的密度从北美不到2000人/km^2，到撒哈拉以南非洲约6000人/km^2，东亚和太平洋8000人/km^2，南亚则更高。另一个不同的方面是密度下降的速度。在非洲和亚洲，密度往往迅速下降；在拉丁美洲和欧洲，密度下降得更慢，而在北美，密度下

图5.1　按城市规模和收入类别分列的人口密度（1975～2015年）

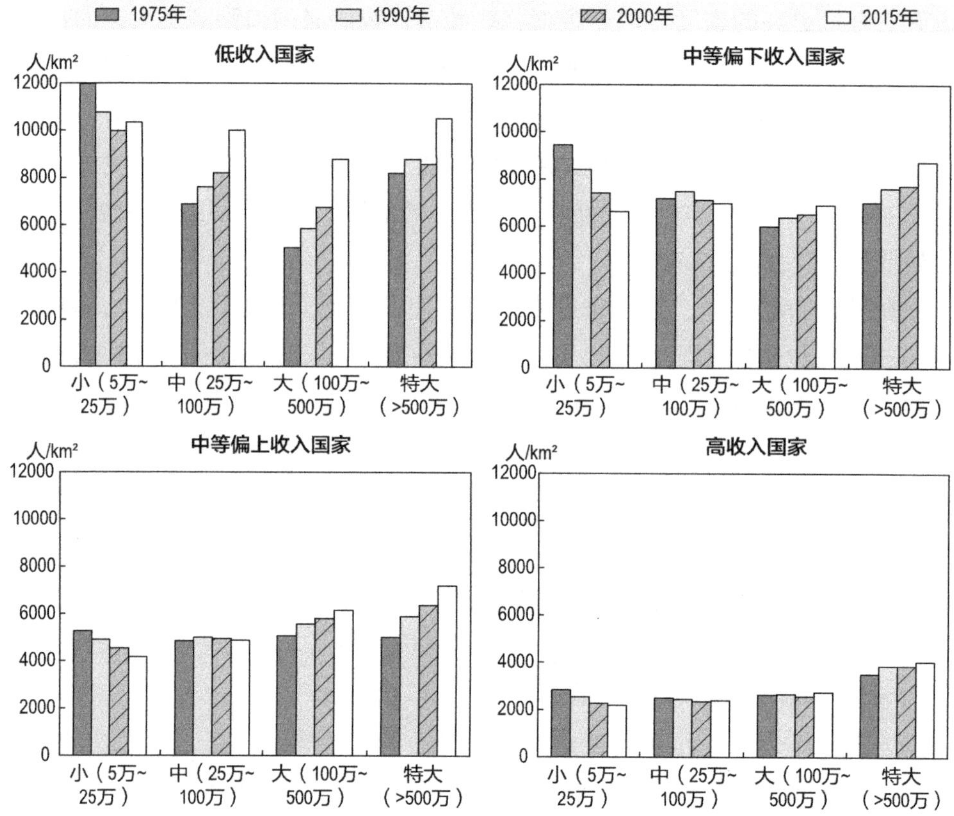

注：城市的空间范围（即城市规模）按每个参考年分类。密度是基于城市规模的类别，按照每个参考年的城市总面积和城市人口计算的。对城市2015年的人口规模进行了分类，以避免城市规模类别转换导致的密度变化。新的城市在它们出现的年份已经被包括在内。

资料来源：Florczyk，A等人，（2019[3]），*GHS城市中心数据库2015，多时相与多维属性，R2019A*，https://data.jrc.ec.europa.eu/dataset/53473144-b88c-44bc-b4a34583ed1f547e。

Stat Link https://doi.org/10.1787/888934130417

降非常慢。

城市正在增长和扩张

有三个因素促使城市人口快速增长，本节将依次解析：（1）城镇发展为城市；（2）城市扩张；（3）城市密集化。增长的主要来源是密集化，导致城市人口扩张50%～60%（表5.1）。城市扩张是第二个重要来源，覆盖了大约25%

图5.2　按城市规模和世界区域分列的基于城市中心距离的人口密度（2015年）

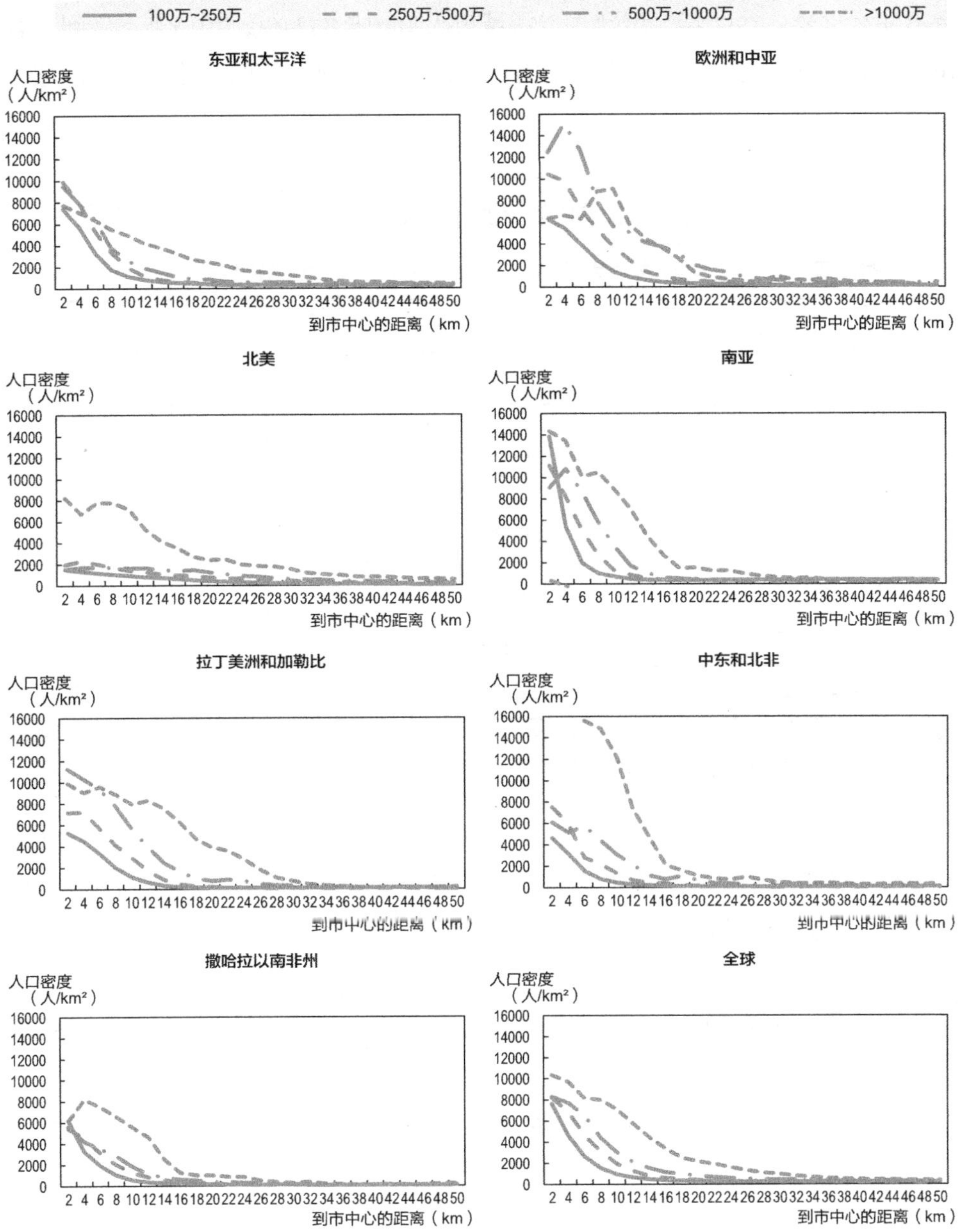

资料来源：基于Florczyk,A等人（2019[3]）的城市人口加权质心法计算，*GHS城市中心数据库2015，多时相与多维属性，R2019A*，https://data.jrc.ec.europa.eu/dataset/53473144-b88c-44bc-b4a34583ed1f547e和Florczyk,A等人（2019[6]），*GHSL数据包2019（数据库）*，http://dx.doi.org/10.2760/062975。

的城市人口扩张。随着时间的推移，城市人口从城镇增长到城市这一因素变得不那么重要。1990年，城镇人口占城市人口增长的24%，2015年下降到只有16%。城市密集化，顾名思义，不需要城市获得任何额外的土地。地理区域变化的主要来源是城市扩张。

城市人口增长的来源（1975~2015年） 表5.1

时间段	城镇发展为城市	城市扩张	城市密集化	共计
人口变化（%）				
1975~1990年	23.9	26.4	49.7	100
1990~2000年	18.3	29.3	52.4	100
2000~2015年	15.5	24.8	59.7	100
面积变化（%）				
1975~1990年	30.5	69.5	0	100
1990~2000年	22.8	77.2	0	100
2000~2015年	22.6	77.4	0	100

资料来源：Florczyk,A等人，（2019 [3]），*GHS城市中心数据库2015，多时相与多维属性，R2019A*，https://data.jrc.ec.europa.eu/dataset/53473144-b88c-44bc-b4a34583ed1f547e。

当一个城镇的人口增长超过5万，这个城镇就变成了一个城市。在1975~2015年期间，世界上的城市数量翻了一番，从大约5000个增加到10000个（表5.2）。城市数量的增长与国家收入有关。从1975年到2015年，低收入国家的城市数量增加了三倍，而中等收入国家增加了一倍，高收入国家增加了50%。几乎所有这些城市最初都是一个城镇。随着时间的推移，新城市的数量增长一直在放缓。1975~1990年，城市数量增加了41%，而2000~2015年，城市数量仅增加了19%。新城市数量的减少也意味着它们在城市所有土地中所占的份额下降了（表5.1）。

按收入类别分列的城市数目（1975～2015年）　　表5.2

	1975年	1990年	2000年	2015年	2015年/1975年
低收入	326	518	703	942	2.9
中等偏下收入	2025	2981	3577	4266	2.1
中等偏上收入	1908	2740	3201	3704	1.9
高收入	911	1050	1184	1391	1.5
全球	**5170**	**7289**	**8665**	**10303**	**2.0**

资料来源：Florczyk,A等人，（2019[3]），*GHS城市中心数据库2015，多时相与多维属性，R2019A*，https://data.jrc.ec.europa.eu/dataset/53473144-b88c-44bc-b4a34583ed1f547e。

城市通过在城市边缘建造新的密集街区或破坏现有郊区来扩张。扩张意味着一个城市的人口增长，包括已经生活在这些地区的人口，并吸引更多的人到这个城市的新地区。在低收入国家，这些扩展地区的初始人口很低。相比之下，在高收入国家，城市新增人口的一半以上在前一时期就已经生活在那里。

城市扩张在低收入和中等偏下收入国家最为明显，年面积增长率为2%～3%（图5.3）。这意味着这些地区在40年内翻了一倍或三倍。小城市往往扩张得更快，但这也包括城镇发展为城市。另一方面，在中等偏上收入和高收入国家，城市扩张程度低得多，而且一直在放缓。在2000～2015年期间，中等偏上收入国家的城市每年仅增长1%（小城市除外）。在高收入国家，城市每年增长约0.8%和0.5%（小城市除外，后者增长在2%～3%之间，见图5.3）。以每年0.5%的增长率，它需要近150年的时间才能扩大一倍。

城市扩张也意味着更广泛的领域需要基础设施和公共服务。低收入国家的城市高速扩张尤其具有挑战性，因为它们需要迅速投入大量资金，仅仅是为了继续向其增长地区的人口提供与成熟城区同样水平的服务。

密集化意味着人口在城市的初始边界内增长。这种密集化以不同的形式出现：拥挤、填充和扩大。拥挤意味着更多的人必须住在同样数量的房子里。这可能会发生在一个城市由于自然灾害或武装冲突而导致大量人口涌入时。填充意味着在城市内部尚未开发的土地上建造房屋。这可能是因为土地最初位于一个不太理想的地点或发展成本太高。扩大意味着低层建筑被中层或高层建筑所取代。填充和扩大都有好处，即它们不会减少每户的楼面面积。遗憾的是，本书中使用的数据没有涉及建筑物的高度。因此，它无法区分扩大和拥挤。然而，通过分析建筑面积的变化，可以确定在多大程度上发生了填充，这也是下面关于拥挤和无序的城市一节的重点。

都市区的分散

上一节研究了城市内部的变化，本节将扩大讨论，以包括通勤区域的变化。通勤区的人口增长意味着城市需要扩大道路和公共交通网络，以到达这些地区。如果这种发展相对集中，例如在卫星城镇，则需要较少的投资就能为居住在那里的人们提供良好的可达性。然而，如果这种发展更加分散，就需要更多的道路，则很难提供良好的公共交通。

大都市区在高收入国家有更大的通勤区

通勤区人口占城市总人口的17%，占世界总人口的9%。这一份额与一个国家的收入水平有关（图5.4）。在高收入国家，大都市区人口在通勤区的比例最大（31%），而在中等偏上收入和中等偏下收入国家，这一比例分别下降到18%和10%。在低收入国家，通勤区不足大都市区人口的4%。

在高收入国家，人口往往从城市转移到大多数大都市区的通勤区。正如文献所指出的，人口和就业从城市向周边城镇和半密集地区、农村地区的外向转移是由各种因素造成的，包括土地成本降低、税收降低、对单户住宅的偏好和绿化环境。随着汽车拥有量的增加，建造了更多的道路，改善了公共交通，人们能够居住得更远（Gordon和Richardson，1996 [7]；Gonzalez-Navarro和Turner，2019 [4]）。

通勤区比其城市增长得更快

在2000年的所有大都市区中，78%在2000～2015年期间经历了人口增长。在这些不断增长的大都市区中，85%的城市和通勤区都经历了增长（表5.3）。在7%的大都市区，城市人口减少，但通勤区的人口增长抵消了这一减少。相比之下，8%的大都市区经历了城市的增长，但通勤区却有所下降。

图5.3 按城市规模和收入类别分列的城市增长情况（1975～2015年）

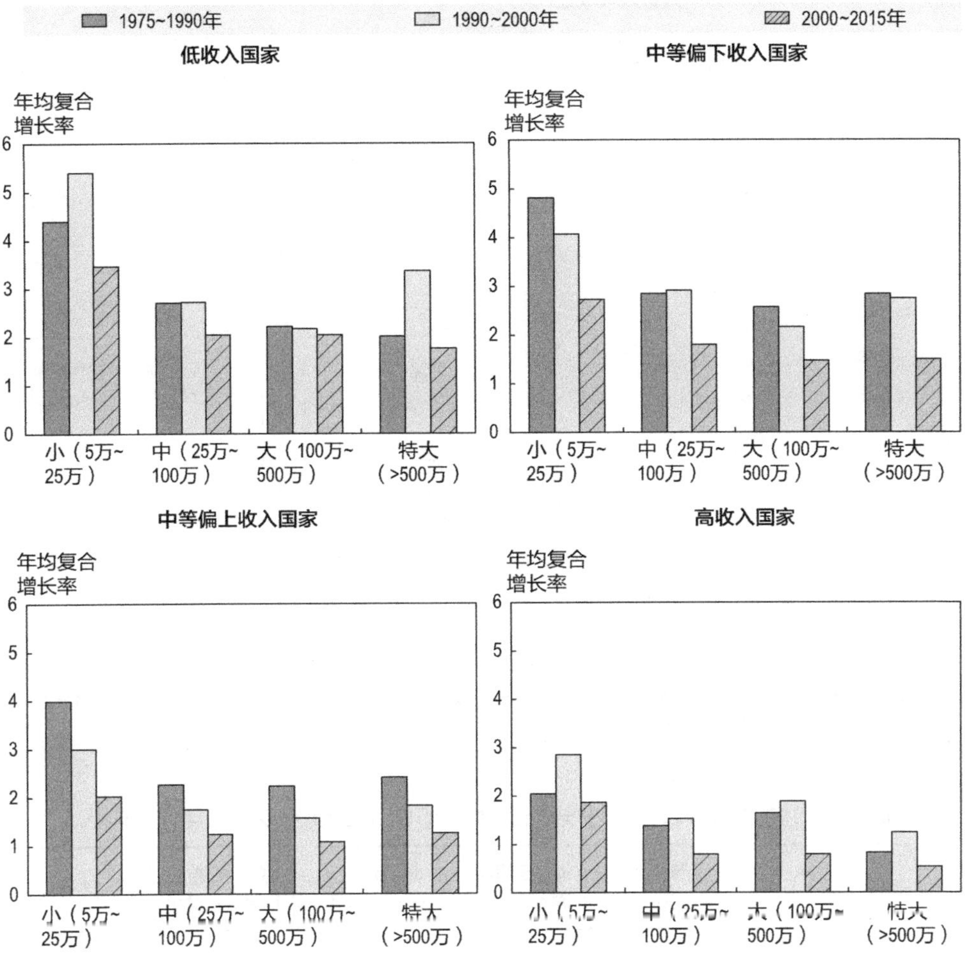

资料来源：Florczyk,A等人，(2019 [3])，*GHS城市中心数据库2015，多时相与多维属性，R2019A*，https://data.jrc.ec.europa.eu/dataset/53473144-b88c-44bc-b4a34583ed1f547e。

Stat Link https://doi.org/10.1787/888934130436

在2000～2015年期间，在不断增长的大都市区，89%的大都市区的人口是在通勤区增长而非市内区域，这也证实了经合组织国家先前的证据（Veneri，2018 [9]）。从观察到的增长模式表明，大都市区人口向通勤区分散的模式缓慢但普遍。在快速增长的城市，人们可能不得不搬到通勤区，因为城市本身没有足够的住房。

图5.4 国家收入与通勤区的重要性（2015年）
圆圈示意的面积与大都市区的人口规模成正比

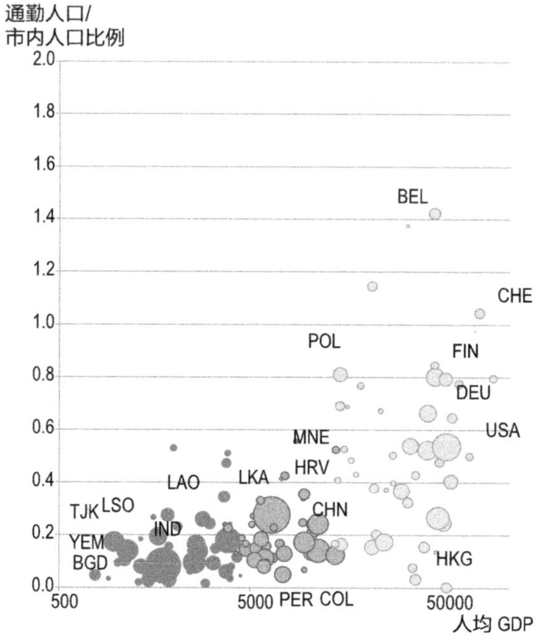

资料来源：改自Moreno-Monroy，A.，M.Schiavina和P.Veneri（2020[8]），“全球大都市区与人口趋势”，*城市经济学杂志*，https://doi.org/10.1016/j.jue.2020.103242。

按城市和通勤区的增长或缩小分列的大都市区（2000～2015年） 表5.3

		城市和通勤区都在增长	城市缩小，通勤区增长	城市增长，通勤区缩小	城市和通勤区都在缩小	共计
增长的大都市区	数量	5252	398	500		6150
	比例（%）	85.4	6.5	8.1		100
缩小的大都市区	数量		859	15	819	1693
	比例（%）		50.7	0.9	48.4	100

注：本表只包括2000年的大都市区。
资料来源：根据Florczyk，A. 等人（2019[6]），欧盟委员会计算，GHSL Data Package2019（*数据库*），http://dx.doi.org/10.2760/062975以及Moreno-Monroy，A.，M. Schiavina和P. Veneri（2020[8]），“全球大都市区与人口趋势”，*城市经济学杂志*，http://dx.doi.org/10.1016/j.jue.2020.103242。

通勤区的人口增长可能带来严重的规划挑战，特别是当增长高度分散时。向城市以外的人口提供足够的基础设施和服务需要大量投资。然而，在非洲，一些快速增长的城市陷入低发展陷阱，无法吸引投资。为了克服投资者的低期望，鼓励经济增长，政府可以实施政策，使土地市场正规化，澄清产权，并投资于有效的城市规划。此外，在缺乏监管的市场的情况下，政府应及早对基础设施投资进行协调，将工人与企业和服务联系起来，并向投资者发出信号，表示将进行这些投资。虽然在财政资源和公共能力极为有限的国家，这些解决办法将特别具有挑战性，但其他区域城市的成功证明了协调和持续行动的价值（Lall，Henderson 和 Venables，2017 [10]）。

一些通勤区的人口减少

在2000年的大都市区中，22%的人口在2000 ~ 2015年期间流失。占一半数量的萎缩的大都市区，城市和通勤区都失去了人口。另一半萎缩的大都市区，城市失去了人口，而通勤区仍然在增长，但通勤区的人口增长不足以避免总体人口的下降（表5.3）。城市人口增长在不断萎缩的大都市区极为罕见：只有1%或15个大都市区经历过这种情况。这意味着几乎所有萎缩的大都市区的城市密度都在下降。

85%的不断萎缩的大都市区，城市通勤区的人口增长更快（或下降更慢）。这反映了大都市区增长的趋势，并不是因为城市不能容纳更多的人口。相反，城市人口的普遍下降意味着，即使一个城市的住房市场压力下降，人们仍然更喜欢住在城市之外。这可能是因为人口的减少，缩短了去城市的时间，从而减弱了人们搬家的动机。

专栏5.1　在法国，通勤区比城市增长得更快

衡量大都市区的人口变化可以确定城市何时在萎缩，但通勤区的增长速度足以抵消城市的人口损失。在这种情况下，与其将其描述为人口减少，不如讨论人口分散问题。在发达国家的许多大都市区，人们普遍看到稳定或不断增长的大都市区人口，从密集的城市中分散出来。

法国的人口年增长率为0.54%，相当于经合组织国家的平均水平，其生育率（约2）是经合组织中最高的国家之一。然而，这个国家的城市正在萎缩。在64个法国大都市区中，有38个大都市区的人口在不断减少（图5.5）。这一数字显示了一种惊人的关系：一半以上的法国城市正在衰退，而周围通勤区的增长却是积极的，即增长了三分之二，这也抵消了城市人口的下降。这种通勤区的人口增长抵消城市人口下降的模式，主要发生在较小的城市，尽管居住人口超过50万的城市如格勒诺布尔、里尔、雷恩和鲁昂也在此类案例之列。在26个城市人口不断增长的法国大都市区，除一个大都市区外，其他大都市区通勤区的人口增长都在加快。此外，在其他经合组织国家，如波兰、斯洛伐克共和国、斯洛文尼亚和韩国，通勤区的人口增长往往比城市更快。

13个大都市区经历人口下降，它们主要位于法国北部和东北部以前的采矿和工业区。这种空间格局证实了经济衰退区域的城市步入了萎缩趋势。

图5.5 法国城市和通勤区的人口增长（2000~2015年）

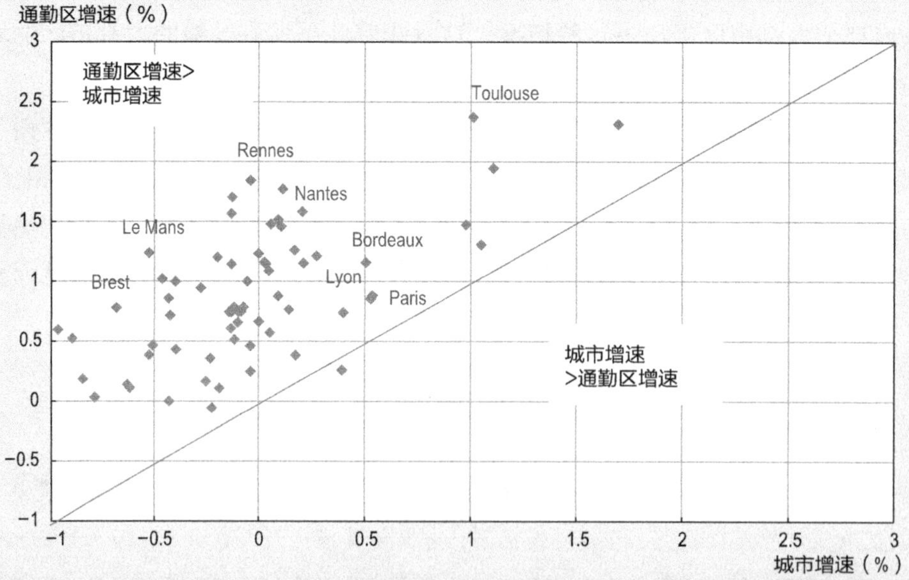

资料来源：基于Florczyk,A等人（2019[3]）的研究，经合组织计算，*GHS城市中心数据库2015，多时相与多维属性，R2019A*，https://data.jrc.ec.europa.eu/dataset/53473144-b88c-44bc-b4a34583ed1f547e。

拥挤的大都市区和蔓延的大都市区

人口迅速增长的城市往往难以及时建设基础设施以适应这种激增。因此，一些城市极其拥挤，缺乏足够的基础设施，公共交通和道路难以满足高水平的生活需求。人们住在小房子里，许多人挤在一个房间里，在狭窄的条件下工作和购物。这种高度拥挤和堵塞会降低城市的生活质量和经济效益。

相比之下，一些富裕城市的基础设施水平非常高，道路网络广泛，房屋宽敞，大型购物中心和大型办公园区齐备。然而，这种高水平的基础设施也存在一些缺陷，即建立和维持一个广泛的公路网及其伴随产生的水、电、信息和通信技术网络的费用高昂。它还往往导致人口非常分散，使得提供公共交通服务更加昂贵，并减少了步行或自行车容易到达的目的地数量。这种类型的城市发展通常被称为城市扩张。

虽然在为城市或大都市区提供最佳水平的基础设施方面没有达成共识，但用于建筑和基础设施的土地数量差别很大。许多大都市区用于建筑和基础设施的人均土地使用面积不到25m^2/人，而根据全球人类住区–建成区报告（GHS–BUILT）检测到的建成面积（专栏5.2）的统计，全球平均为100m^2/人，而其他区域甚至高于300m^2/人。这显然存在经费不足的情况。发展中国家一些快速增长的大都市区面临着严重的拥堵和越来越多的居民无法获得自来水的问题。一个人口分散的大都市区将比一个人口更集中的地区产生更多更长的汽车通勤。因此，尽管在一个分散的大都市区，每个人的道路网络要长得多，但仍然可能遇到拥堵。此外，人口减少的大都市区在需要缩减基础设施时，当地收入也会随之下降。因此，这些大都市区最终可能会有太多的建筑物和基础设施来满足其人口规模，以至于它们无法维持。

防止城市扩张的目标是联合国《新城市议程》及其可持续发展目标11的重要组成部分[2]。目标11包括一个比较土地使用变化和人口变化的指标。然而，这一指标的解释取决于城市的起点位置。如果一个城市缺乏足够的建筑和基础设施供居住和工作使用，它的目标应该是比人口增长更快地建造这些建筑和基础设施，以缓解城市拥挤和堵塞。在一个拥有足够建筑和基础设施的城市，类似的建筑和基础设施增长率将是理想的。理想的情况是，在供大于求的大都市区，人口增长速度将超过建筑和基础设施，从而确保更高、更有效地利用这些基础设施，并使其维护费用更低廉。

在某种程度上，大都市区人均建筑和基础设施数量，与体重指数或BMI相似。因此，人均建成面积指标可被视为“城市质量指数”，低水平城市应寻求建设更多，高水平城市应寻求建设更少。然而，这种方法的一个关键限制是它不考虑建筑高度，用高层建筑取代低层建筑可以减少拥挤，而不增加建筑用地的数量。遗憾的是，全球关于建筑高度的可靠数据尚未获得。遥感技术的改进或更详细的数字建筑技术可能会填补这一空白。

为了证明这种城市质量指数方法，从建筑和基础设施角度，将大城市地区的人均建造面积少于100m^2/人的城市分类为低；如果他们的建筑面积在100～200m^2/人之间，则为中等；如果到2000年超过200m^2/人的话，则为高。如果人均建成面积下降幅度超过5m^2/人，则人均建成面积的变化被分类为收缩；如果人均建成面积增长超过5m^2/人，则建筑面积的变化为增长。人均建成面积少于5m^2/人的大都市区被归类为稳定。此分类表明，低收入和中等偏下收入国家的几乎所有都市区的人均建成面积较低（表5.4），而高收入国家中三分之二的都市区人均建成面积较高。中等偏上收入国家和高收入国家中有一半的大都市区的人均建成面积不断增长，而其他国家则较为缓慢。

这两种分类的结合表明，在高收入国家，五分之二的大都市区人均建造面积水平很高（表5.5），而且不断提高。然而，在其他国家这几乎是不存在的。换句话说，城市扩张似乎只是高收入国家的问题。幸运的是，在一个高收入国家中，每五个大都市区中就有一个在2000年时人均建造面积很高，但在2000～2015年之间减少了。换句话说，这些大都市区正在减少城市人口，并且正在减少扩张。

相比之下，人均建成面积水平低且萎缩的大都市区在低收入和中等收入国家最为普遍，在高收入国家几乎没有。换句话说，在低收入国家，对建筑和基础设施的投资跟不上人口增长的城市是最常见的。幸运的是，一些大都市区的投资增长速度快于人口增长，特别是在中等偏上收入国家，那里30%的大都市区人均拥有较低但不断增长的建筑面积。

按收入类别、人均建筑面积和人均建筑面积变化分列的大都市区比例 表5.4

	人均建成面积，2000年（%）				人均建成面积变化，2000～2015年			
	低	中等	很高	共计	收缩	稳定	成长	共计
低收入	95.2	4.5	0.3	100	29.7	66.9	3.4	100
中等偏下收入	92.4	5.9	1.7	100	16.7	68.6	14.7	100
中等偏上收入	55.4	39.4	5.2	100	26.6	20.2	53.2	100
高收入	9.7	23.0	67.3	100	27.8	17.2	55.0	100
全球	**68.4**	**20.2**	**11.4**	**100**	**22.9**	**44.1**	**33.0**	**100**

注：本表只包括2000年的大都市区。
资料来源：根据Florczyk，A. 等人（2019[6]），欧盟委员会计算，*GHSL Data Package 2019（数据库）*，http://dx.doi.org/10.2760/062975以及Moreno-Monroy，A.，M. Schiavina和P.Veneri（2020[8]），"全球大都市区与人口趋势"，*城市经济学杂志*，http://dx.doi.org/10.1016/j.jue.2020.103242。

按人均建成面积（2000年）及其变化（2000～2015年）和收入类别分列的大都市区比例 表5.5

	低且增长（%）	高且收缩（%）	中等和/或稳定（%）	低且收缩（%）	高且增长（%）
低收入	3.4	0.3	71.4	24.9	0.0
中等偏下收入	12.1	0.7	73.0	12.4	1.0
中等偏上收入	30.2	2.3	54.4	10.5	2.6
高收入	3.0	19.0	35.7	3.1	39.2
全球	**16.8**	**3.6**	**61.5**	**11.7**	**6.4**

注：本表只包括2000年的大都市区。
资料来源：根据Florczyk，A. 等人（2019[6]），欧盟委员会计算，*GHSL Data Package2019（数据库）*，http://dx.doi.org/10.2760/062975以及Moreno-Monroy，A.，M.Schiavina和P.Veneri（2020[8]），"全球大都市区与人口趋势"，*城市经济学杂志*，http://dx.doi.org/10.1016/j.jue.2020.103242。

专栏5.2　基于GHS-BUILT的建成区多时相分类

全球人类住区模拟网格（GHS-BU）衡量了1975、1990、2000和2015年建成区的存在情况（空间分辨率为30m）。数据处理采用基于统计学（符号机器学习）的全自动且可重复的方法（Corbane等人，2017[11]；Pesaresi，Syrris和Julea，2016[12]）。在后期处理中没有应用任何手动或基于规则的结果编辑。

它是基于对以往平铺拼接的个别陆地卫星数据收集（Landsat8、2000年收集、1990年收集、1975年收集）的处理。最近一年（2015年）的建成区被认为是最有参考价值的（Corbane等人，2019[13]）。早期是通过移除2015年的建筑，逐渐到陆地卫星图像不显示2015年任何建成区的迹象。这意味着，建成区只能随着时间的推移而增长，而不会衰退。这一假设使得数据在绝大多数情况下更加可靠和有效。

建筑面积是建筑物的空间概括，定义为："可以观测到建筑物的区域（空间单位）"。GHSL框架中定义的"建成区"是"所有卫星数据样本的结合，这些样本对应于地面上的屋顶建筑，其目的或用于人类、动物、事物的住所、经济商品的生产或服务的提供"（Pesaresi等人，2013[14]）。

30m×30m的单元分两种：已建成和尚未建成。只要有一小部分建筑，这个单元就能被认定为已建成。因此，与更高分辨率的建筑足迹数据相比，更多的区域将被划分为已建成区。不可渗透或密封表面包括建筑物以及被沥青、混凝土、砖块或石头覆盖的区域，例如道路、人行道、车道和停车场（欧洲环境署，2015[15]）。GHS-BUILT不包括建筑数量有限地区的道路基础设施。在建筑密度高的地区，道路基础设施通常会被纳入建设的一部分。因此，在一个城市中，GHS-BUILT应该被看作是部分被建筑物或道路基础设施覆盖的区域。

资料来源：Corbane，C.等人，（2017[11]），"Sentinel-1和Landsat图像的地球数据分析，以支持全球人类住区制图"，http://dx.doi.org/10.1080/20964471.2017.1397899；Pesaresi，M.，V.Syrris和A.Julea（2016[12]），"一种基于符号机器学习的地球观测数据分析新方法"，http://dx.doi.org/10.3390/rs8050399；Corbane，C.等，（2019[13]），"陆地卫星40年卫星数据档案中人类住区的全球自动划定"，*地球数据*，第一卷，3/2，pp.140–169；Pesaresi，M.等人，（2013[14]），"来自光学HR/VHR RS数据的全球人类定居层：概念和第一个结果"，*IEEE应用地球观测和遥感专题杂志*，第一卷，6/5，pp.欧洲环境署（2015[15]），"不透水和不透水变化"，https://www.eea.europa.eu/data-and-maps/indicators/imperviousness-change-1/assessment（2020年3月21日查阅）。

城市流动性和无障碍环境

城市和大都市区的流动性面临着独特的挑战和机遇。本书中对城市及其通勤区域的全球一致定义，使得可以对交通选择进行更有意义的比较。城市的高人口密度有助于步行，但有些行程可能太长，特别是在大都市区，道路基础设施不是为行人设计的。许多大都市区都有高度发达的公共交通网络，大多数居民靠近高频站点。然而在许多城市，人们驾车出行，过多的车辆会超过道路基础设施的承载能力，导致严重的拥堵、延误和污染。

本节主要侧重于公共交通的提供，因为关于步行和自行车状况的有效信息仍然难以获得。城市中的道路网络越来越多地被绘制成地图，但难以统计关于其能力和用途的有效信息。因此，本节仅简要介绍机动车出行。

本节首先使用两个可持续发展目标指标和新的经合组织城市无障碍框架分析城市公共交通。它首先关注城市，因为城市拥有密集和临界质量的潜在用户，支持密集和频繁的公共交通服务。进而分析了都市区形状的影响，即一个城市加上它的通勤区，对公共交通的成本影响。

城市可以提供便捷的公共交通

大城市需要公共交通来确保人们可以到达他们需要去的地方，因为距离变得太大，不容易步行或骑车前往他们的目的地。许多城市居民由于太年轻或太年长而不能开车。有些人只是喜欢使用公共交通工具，而另一些人则无法支付一辆汽车。此外，高比例的汽车出行可能会导致严重的交通拥堵。良好的公共交通对于减少交通拥堵和交通运输造成的空气污染和温室气体排放，以及为所有人，包括年轻人、老年人和穷人提供更好的无障碍环境都至关重要。

联合国可持续发展目标11包括一项指标，用以衡量方便使用公共交通的人口比例。在最简单的表述中，它衡量了公共交通站点500m步行范围内居住的城市人口比例。该指标的好处是考虑了站点和人口的空间分布，不需要大量的数据：只需站点的位置和每个街区或网格单元的人口。然而，关于公共交通站点的位置，包括非正式交通站点的位置的数据往往无法获得。

将全球68个城市与现有数据进行比较表明，在大多数欧洲城市，90%以上的人口生活在距离公共交通站点步行范围500m内（图5.6）。相比之下，在纳入这一分析的大多数非洲城市中，这一比例低于50%，尽管包括非正规交通。来自北美和亚洲的城市所占的份额从不到50%到90%不等。包括南美洲和大洋洲（布宜诺斯艾利斯和圣保罗、奥克兰和悉尼）在内的4个城市都有80%以上的人口靠近公共交通站点。

图5.6　全球特定城市中，步行500m到公共交通站点的人口

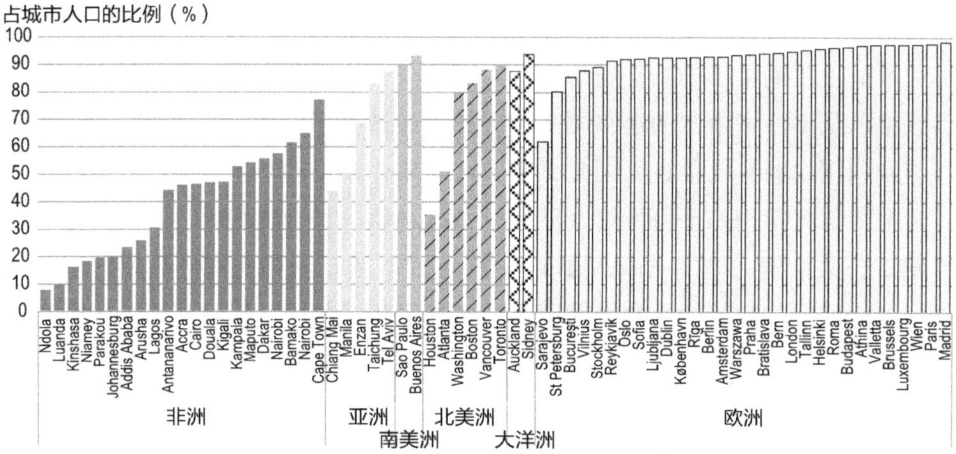

资料来源：国际运输工人联盟、联合国人居署和欧盟委员会使用GHS城市中心数据库计算，Florczyk，A. 等人（2019[3]），*GHS城市中心数据库2015，多时相与多维属性，R2019A*，https://data.jrc.ec.europa.eu/dataset/53473144-b88c-44bc-b4a34583ed1f547e。

一个城市可以通过在没有通道的街区增加交通站点或增加公共交通站点周围的人口密度来改善公共交通的使用，这通常被称为以公共交通为导向的发展。公共交通出行率低、人口密度高的城市应更加注重将公共交通网络扩大到无交通出行的住区。例如，金沙萨只有16%的人口居住在靠近公共交通站点的地方，但其居民区密度为3万人/km^2。低可达和低密度城市应更多地注重提高密度和公交化发展；特别是由于低密度街区的公共交通往往吸引较少的乘客。例如，在亚特兰大，50%的人口生活在靠近公共交通的地方，但居民区的密度只有1100人/km^2。使用公共交通的人口比例较低，且邻里密度较高，表明了公共交通网络的欠发达，而低使用率和低社区密度意味着公共交通站点周围缺乏活力。

不同城市高频公共交通的使用情况差别很大

这是一个要求更高但信息更丰富的指标——按频率和公共交通方式区分。它区分了每小时发车超过10次（高通道）、每小时4～10次（中等通道）、少于4次（低通道）或没有便捷通道（无通道）的车站。对于较慢的交通工具，如公共汽车和电车，使用相同的500m步行模式，而对于较高的速度和容量，如地铁、火车、快速公交（BRT）和渡轮，则使用1000m步行模式。联合国定义的可持续发展目标指标11.2.1的元数据中提到了这一方法作为补充指标。[3]

这一指标显示了一幅差别更大的图景。对比图5.6和图5.7，可以看出欧洲的变化更大。例如，都柏林和雷克雅未克的整体交通便利度很高，但能到达出发频率较高的车站的方式相对较少。另一方面，布宜诺斯艾利斯和圣保罗等南美城市为80%以上的人口提供了便利的出行方式。图中北美和大洋洲的城市人

图5.7　按全球特定城市的公共交通出发频率分列的人口

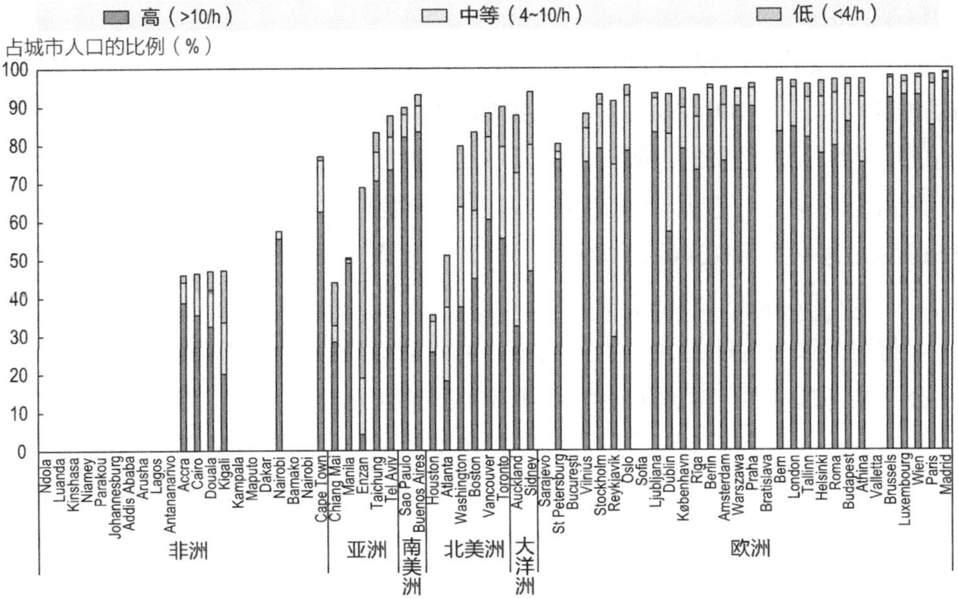

资料来源：国际运输工人联盟和DG REGIO使用Florczyk,A.等人定义的边界，（2019[3]），结合各种来源的GTFS数据计算，*GHS城市中心数据库2015，多时相与多维属性，R2019A*，https://data.jrc.ec.europa.eu/dataset/53473144-b88c-44bc-b4a34583ed1f547e。

口比例相对较低，出行频率较高。

在欧洲和南美城市，公共交通表现更好

上述两项指标是根据某一站的公共交通服务供应情况计算的，但没有考虑到乘客的目的地。本部分以欧洲委员会、国际交通论坛和经合组织[4]制定的新的城市可达性框架为依据，以衡量公共交通在多大程度上帮助人们到达目的地。它使用两个概念来衡量运输方式的性能，第一个部分是可达性，即公共交通在一定时间内可以到达的目的地总数。由于没有其他目的地的综合数据，目的地是根据人口来确定的。可达人口，即在45min的公共交通出行中，有多少人可以到达，通过在一个城市中划出每个500m×500m有人居住的网格单元计算而来。第二个部分称为接近度，对应于附近目的地的数量。邻近或附近的人口，即计算了每个网格单元在12km半径内的人数。最后，运输性能是可达人口与附近人口的比例（乘以100）。它展示了公共交通如何为城市中的每个网格单元提供到附近目的地的便利程度。城市级别指标是城市所有网格单元的人口加权平均值。

图5.8显示了全球31个城市的这三个指标。例如，在伦敦，平均可达人口超过400万。只有100万人口的城市由于缺乏足够多的人口，因此无法达到如此高的可达水平。这突出表明，可达人口受到城市人口规模的严重影响，不应用于评估公共交通。在几个城市中，附近人口很高，例如在马尼拉、巴黎和圣彼得堡，这一数字在300万～400万之间。附近人口将在大型、密集的城市中较高，在较小或不密集的城市中较低。

将可达人口与附近人口进行比较，可以消除城市规模的影响，并更好地评估公共交通的表现。虽然只有大城市才能有高水平可达人口，但较小的城市在公共交通方面的表现却更好。例如，布鲁塞尔或特拉维夫在交通表现方面比巴黎得分更高。

运输性能取决于有多少人生活在车站附近、公共交通车辆的频率和速度以及网络的设计。在高频出发车站附近居住的人口比例越高，城市高速交通的表现越好。拥有地铁网络的城市将在所有其他条件相同的情况下表现得更好（参见地铁系统）。为公共汽车和电车提供专用的通行权也将提高性能。快

图5.8　全球特定城市的可达人口、附近人口与公共交通运输性能（2019年）

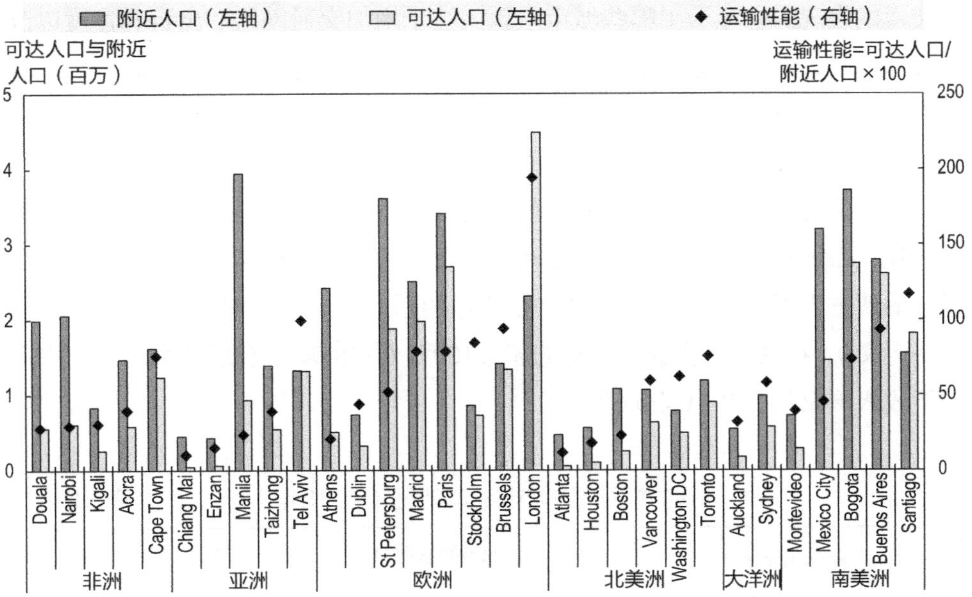

资料来源：国际运输工人联盟使用Florczyk,A.等人定义的边界，（2019 [3]），*GHS城市中心数据库2015，多时相与多维属性，R2019A*，https://data.jrc.ec.europa.eu/dataset/53473144-b88c-44bc-b4a34583ed1f547e。

速公交系统也将提高性能，因为它允许该系统中的公共汽车有更高的速度和频率。

如果居民区密度较低，则需要一个较长的网络来为大部分人口提供公共交通。然而，较长的网络建造和运营成本更高，出发地和目的地之间的距离也更远。因此，邻里密度低的城市往往提供较低的可达性、较低的频率和性能。为了提高可达性和性能，住区密度较低的城市可能希望提高密度，特别是靠近公共交通站点。邻里密度高，但公共交通性能低的城市，应更注重增加公共交通的网络、速度和频率，以改善城市可达性。

良好的公共交通是保证大城市生活质量和经济的关键。公共交通的便利性表明有多少人可以步行到达一个车站，哪些城市确实缺乏足够大的网络。按频率访问显示人们每小时可以选择多少次出发。较低的出发频率往往会使公共交通缺少吸引力，因为这使人们到达目的地需要更长的时间。然而，这两个指标都没有显示乘坐公共交通可以到达哪些目的地。城市可达性框架为比较公共交通的性能提供了一种新的方法，它将可达人口与附近人口进行比较，以评估公共交通的表现。它显示了哪些城市应该关注于增加交通网络、出行和速度以改善交通便利，以及哪些城市（也）应该关注于减少人与人之间的距离，以及更普遍地关注出发地和目的地之间的距离。

地铁系统大多存在于高收入国家的大城市

地铁系统提供了一种相对高速和高容量的公共交通形式，然而，建造地铁系统的成本也很高。地铁系统通常在大城市建设，且不延伸到郊区（由城市化水平定义）。在高收入国家，60%的超过100万人口的城市有地铁系统，而中等偏下收入国家只有7%（表5.6）。

有地铁系统的城市及其特征（2018年）　　表5.6

	拥有100万人口和地铁系统的城市比例（%）	有地铁系统和100万人口的城市				
		每10万人口的站点数量	每10万人口的地铁长度（km）	每人每年的出行次数	每站每年的发行人次（百万）	地铁开通的整体年份
低收入	3	0.8	1.2	13	2.3	1973
中等偏下收入	7	0.6	0.8	31	5.2	1996
中等偏上收入	40	1.1	1.5	40	4.5	1999
高收入	60	2.5	2.8	72	3.8	1965

注：在低收入国家，只有一个城市有地铁：朝鲜的平壤。
资料来源：基于UITP的研究（2018 [16]），欧盟委员会计算，*世界地铁2018*，国际公共交通联盟/国际公共交通协会，布鲁塞尔，同时使用Florczyk，A. 等人（2019 [3]）定义的边界，*GHS城市中心数据库2015，多时相与多维属性，R2019A*，https://data.jrc.ec.europa.eu/dataset/53473144-b88c-44bc-b4a34583ed1f547e。

高收入国家的地铁系统比中等收入国家起步早得多。19世纪开通了几条地铁线路的城市有：波士顿、布达佩斯、芝加哥、伦敦、巴黎和东京。自2000年以来，每十年开通地铁系统的城市数量都有所增加。1970～2010年期间，每十年开通大约20个地铁系统。2010～2018年期间，有37个地铁系统通车，其中20个在中国，7个在印度。

与中等偏下收入国家相比，高收入国家的人均站点是其4倍，人均网络长度是其3倍。与中等偏下收入国家相比，他们的人均出行次数是其2倍以上，但车站却不那么繁忙。

通过对12个选定城市的观察，可以看出，地铁站周边1km内的人口比例与居民人均出行次数之间存在很强的相关性（表5.7）。这一比例解释了63%的居民出行变化。在芝加哥、圣保罗和多伦多，只有15%或更少的居民距离地铁站不到1km，每个居民每年乘坐地铁的次数也只有35～70次。在至少30%的人口居住在距地铁站1km以内的城市，人均出行次数高达上述城市的4倍，为人均108～173次。

12个选定城市的地铁系统、乘客人数和地铁站可达情况（2015年） 表5.7

城市	国家	人口（百万）	每10万人口的长度（km）	每10万人口的站点数量	每人每年的出行次数	步行1km内可达车站的人口比例（%）
圣保罗	巴西	19.1	0.4	0.4	70	8
多伦多	加拿大	6.0	1.4	1.2	48	12
芝加哥	美国	6.8	2.4	2.1	34	15
墨西哥城	墨西哥	19.6	1.2	0.8	86	16
米兰	意大利	2.9	3.1	3.8	164	25
圣彼得堡	俄罗斯	4.2	2.7	1.6	173	30
伦敦	英国	9.6	4.5	3.2	156	30
柏林	德国	3.3	4.5	5.3	172	34
巴黎	法国	9.7	2.1	3.1	154	35
布鲁塞尔	比利时	1.4	3.2	4.3	108	36
纽约	美国	16.0	2.7	3.2	119	38
马德里	西班牙	4.7	6.2	5.0	132	49

资料来源：基于UITP的研究（2018[16]），欧盟委员会计算，*世界地铁2018*，国际公共交通联盟/国际公共交通协会，布鲁塞尔，同时使用Florczyk，A. 等人（2019[3]）定义的边界，*GHS城市中心数据库2015，多时相与多维属性，R2019A*，https://data.jrc.ec.europa.eu/dataset/53473144-b88c-44bc-b4a34583ed1f547e。

都市区的形态改变了提供公共交通的成本

大都市区人口的空间分布可能对公共交通的成本产生很大影响，而关于城市扩张的文献通常假设低密度和不连续的城市发展会增加这些成本。本书采取不同的方法，试图通过测量和模拟各大洲37个大都市区公共交通网络的长度来评估公共交通的成本（见附件5.A），结果显示出很大的差异（图5.9）。香港和孟买的公共交通网络每10万人口只有6km，可以为80%的居民提供公共交通服务。休斯敦需要增加26倍（155km），亚特兰大需要增加45倍（273km）。这将大大提高建设和运营这样一个网络的成本。在实践中，这通常意味着在休斯敦和亚特兰大等城市，使用公共交通工具的人口比例要低得多。

该模型中公共交通网络长度的主要决定因素是邻里密度（1km^{2}单元的加权人口密度），而一旦考虑到邻里密度，大都市区的总体人口密度就变得微不足道。唯一有意义的另一个指标是通勤区的人口比例，比例越高，网络越长。邻里密度与公共交通网络长度之间不是线性关系，而是指数关系。邻里密度的变化可能会对总成本产生或大或小的影响，具体取决于初始密度。例如，将密度从15000人/km^{2}减少到12000人/km^2，成本增加了30%，而从6000人/km^{2}减少到3000人/km^2，成本增加了120%。同样的密度降低会产生大4倍的影响。

在全球至少有100万人口的大都市区，平均邻里密度为14000人/km^2。在南美洲，该密度为11000人/km^2，意味着成本要比全球平均水平高出30%。在欧洲和中亚，该密度约为8000人/km^2，意味着成本将高出90%。然而，在北美，该密度只有3300人/km^2，意味着成本要比全球平均水平高出400%。北非、撒哈拉以南非洲和中东拥有100万或以上人口的大都市区，人口密度（15000/km^2）略高于全球平均水平，东亚和太平洋地区的人口密度（13000人/km^2）略低于全球平均水平。

污染、自然灾害和气候变化

城市集中了人口和财富，这种高度集中既有好处也有代价。生活在城市的人们遭受着空气污染、洪水和暴风雨以及海平面上升的影响。

图5.9 模拟37个大都市区的公共交通网络长度（2015年）

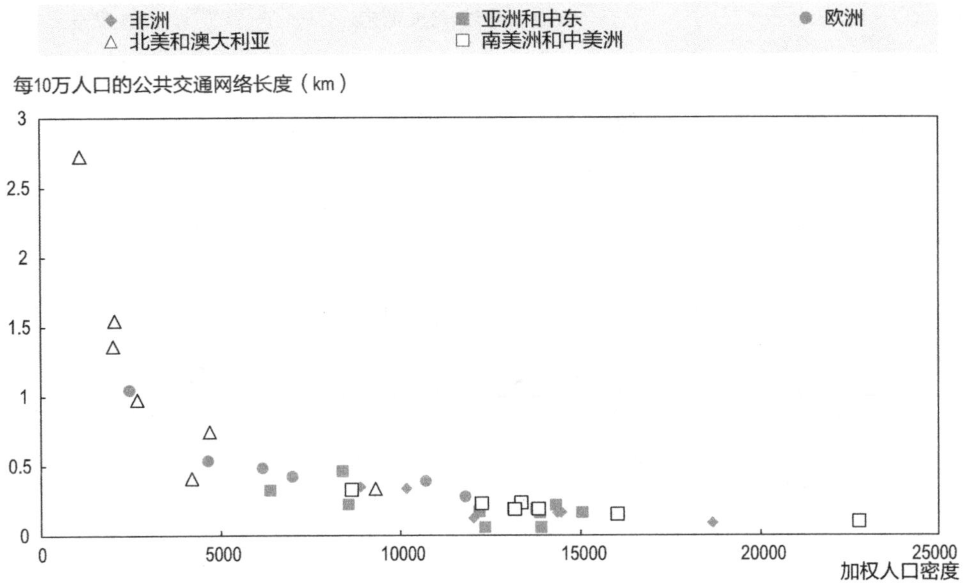

资料来源：见Jacobs-Crisioni，C.，L.Dijkstra和Kucas（即将出版[17]），“密度是否有助提高公共交通效率？网络扩张模拟方法”（送审稿）。数据基于Moreno-Monroy，A.，M.Schiavina和P.Veneri（2020[8]），“全球大都市区与人口趋势”，http://dx.doi.org/10.1016/j.jue.2020.103242。

居住在城市的人们面临更严重的空气污染

城市居民对他们的空气质量最不满意。在所有四个收入群体中，生活在城市的居民对空气质量的满意度低于生活在城镇和半密集地区的居民，而这些地区的满意度又低于农村地区（图5.10）。随着收入水平的提高，农村地区的满意度有所提升，但城镇和半密集地区的满意度较低，而城市的满意度也较低。这在一定程度上反映了一个事实，即更高的收入水平不会自动导致城市的空气质量更好，例如，私家车的使用通常随着收入的增加而增加。这也反映出，随着收入的增长，可能会有更多的人担心空气质量，即使污染水平相对较低。

工业城市的PM2.5浓度特别高。虽然北美、南美和欧洲大部分城市的空气污染水平降低，但仍高于世卫组织提出的10μg/m³的指导值。[5]改善空气质量需要采取一个协调一致的办法，覆盖工业、交通、农业和家庭等不同行业的排

图5.10　基于城市化水平对空气质量的满意度调查（%）

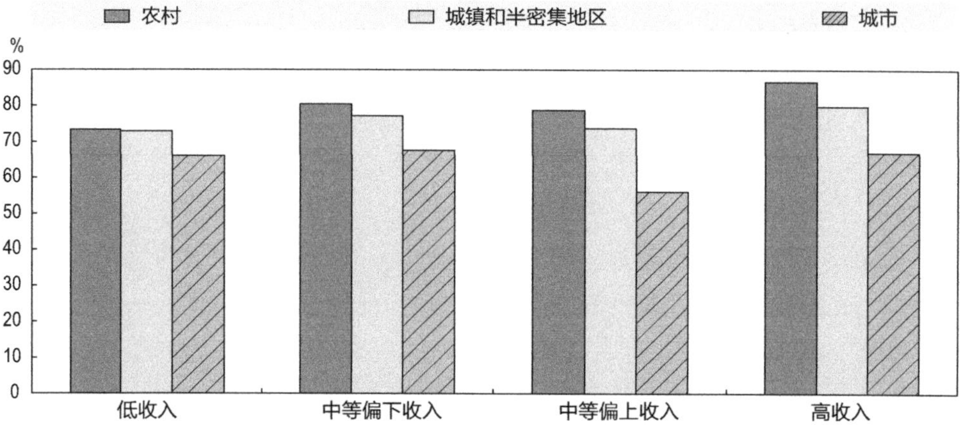

资料来源：基于Gallup（2017[18]），*Gallup全球民意调查，2016～2017*，https://www.gallup.com/analytics/232838/world-poll.aspx；经合组织制定，2019。

放，并包括本地和附近的排放。例如，欧盟城市的空气污染很大一部分来自邻近地区、农业或沿海地区货船的排放。

洪水风险威胁着各大洲的城市

生活在城市中的五分之一人口，即6.13亿人，面临着百年一遇的洪水（Dottori等人，2016[19]）。[6]这种风险主要集中在少数城市。在所有城市中，70%没有受到影响，而6%（630个城市）的城市存在被淹没的风险。受百年一遇洪灾影响人数最多的城市大多位于亚洲，部分原因是大量最大城市位于亚洲（表5.8）。由于更极端的天气，气候变化可能会增加百年一遇的洪水风险，降低洪水风险需要城市内外的变革。城市可以采取必要的行动，尽量减少洪水通过防洪堤时对人口和基础设施产生的影响，并在建造新的住房和基础设施时考虑洪水风险。河流沿线的变化可以帮助控制水流的速度，并创造可以以最理想的后果输送洪水的地方。

20个人口最多的城市暴露在百年一遇的洪水威胁中（2015年） 表5.8

城市	国家	2015年人口	2015年暴露风险中的人口百分比（%）
上海	中国	21503000	88
广州	中国	17640000	43
加尔各答	印度	17164000	79
达卡	孟加拉国	15269000	64
曼谷	泰国	14647000	99
德里	印度	14151000	53
开罗	埃及	9251000	47
天津	中国	6642000	100
武汉	中国	6338000	86
苏州	中国	5418000	63
苏拉特	印度	5330000	97
首尔	韩国	5268000	24
巴格达	伊拉克	5140000	96
胡志明市	越南	4958000	43
大阪-京都	日本	4827000	31
河内	越南	4533000	85
揭阳	中国	4425000	42
墨西哥城	墨西哥	4398000	22
图表	孟加拉国	3418000	65
喀土穆	苏丹	3270000	56

资料来源：Florczyk，A等人，（2019 [3]），*GHS城市中心数据库2015，多时相与多维属性，R2019A*，https://data.jrc.ec.europa.eu/dataset/53473144-b88c-44bc-b4a34583ed1f547e。

城市更要关注海平面上升和风暴潮的问题

2015年，14%的城市人口生活在低海拔沿海地区，而城镇和半密集地区的人口占11%，农村人口占6%（图5.11）。低海拔沿海地区（LECZs）是海拔低于10m的地区，与海岸毗连（见Mac Manus等人，2019 [20]，基于Yamazaki等人，2017 [21]）。在这些地区的城市人口中，三分之一的人口生活在最容易遭受风暴和海平面上升（低于5m，图5.11）的地区。

图5.11　按城市化水平分列的低海拔沿海地区人口（2015年）

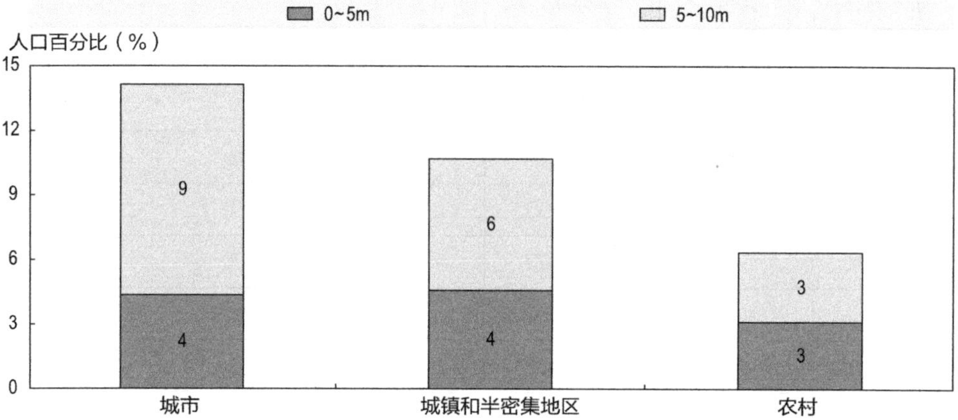

资料来源：（Mac Manus等人，2019 [20]）基于Florczyk，A. 等人，（2019 [3]），*GHS城市中心数据库2015，多时相与多维属性，R2019A*，https://data.jrc.ec.europa.eu/dataset/53473144-b88c-44bc-b4a34583ed1f547e。

Stat Link https://doi.org/10.1787/888934130455

在城市中，生活在低海拔沿海地区的人口增长速度也比城镇和半密集地区以及农村地区更快，特别是在高风险的地区（图5.12）。在低海拔沿海地区以外，城镇和半密集地区以及农村地区的人口增长速度更快。这意味着，随着时间的推移，这种风险暴露在城市以外不断减少，而在城市内部却不断增加。

中国城市有1.28亿人生活在低海拔沿海地区，是城市人口风险暴露率最高的地区（表5.9），其次是印度有5400万人。在孟加拉国、中国、印度尼西亚、日本和菲律宾，五分之一以上的城市人口生活在低海拔沿海地区。泰国和越南的城市人口分别有82%和63%生活在低海拔沿海地区。虽然城市人口的总数要少得多，但有几个拉丁美洲和加勒比国家的全部（或几乎）城市人口都在低海拔沿海地区：伯利兹、圭亚那、苏里南（100%）和巴哈马（80%）。此外，包括开曼群岛、马尔代夫、马绍尔群岛和图瓦卢在内的几个发展中小岛屿国家的四分之三的人口都生活在低海拔沿海地区。

图5.12　按城市化水平分列的低海拔沿海地区人口变化情况（1990~2000年、2000~2015年）

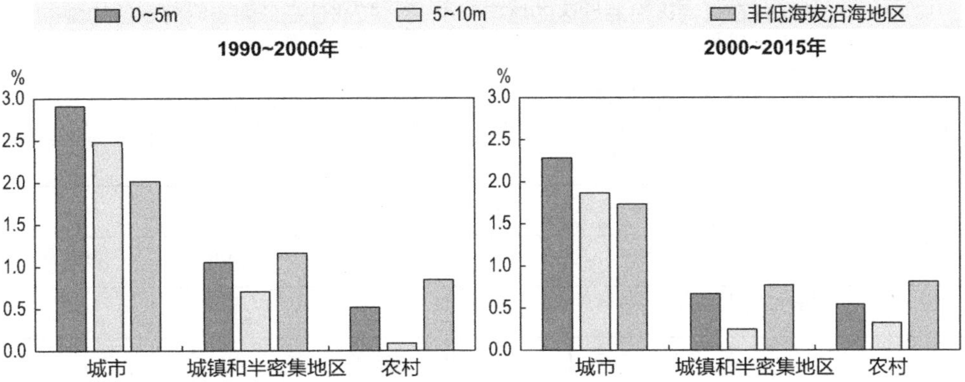

资料来源：（Mac Manus等人，2019［20］）基于Florczyk,A.等人，（2019［3］），*GHS城市中心数据库2015，多时相与多维属性，R2019A*，https://data.jrc.ec.europa.eu/dataset/53473144-b88c-44bc-b4a34583ed1f547e。

这些城市目前抵御风暴的措施差异很大。荷兰城市受益于强大的中央资助基础设施，而其他许多国家，包括新奥尔良等高收入国家的一些地区，都面临着风暴和海平面上升的严重威胁。高风险暴露水平突出了国家适应计划的必要性。鉴于低海拔沿海地区8.15亿人口中有60%居住在城市，而这一人口正在迅速增长，制定城市适应计划应成为优先事项。

按低海拔沿海地区城市人口及城市人口比例分列的前十名国家（2015年）　表5.9

	A. 按居住在低海拔沿海地区的城市总人口排列			B. 按居住在低海拔沿海地区的城市人口比例排列		
排名	国家	低海拔沿海地区人口（千人）	%	国家	低海拔沿海地区人口（千人）	%
1	中国	127792	23	苏里南	200	100
2	印度	54456	8	伯利兹	69	100
3	孟加拉国	40286	48	圭亚那	224	100
4	印度尼西亚	34209	24	泰国	16747	82

续表

	A. 按居住在低海拔沿海地区的城市总人口排列			B. 按居住在低海拔沿海地区的城市人口比例排列		
排名	国家	低海拔沿海地区人口（千人）	%	国家	低海拔沿海地区人口（千人）	%
5	日本	26467	32	巴哈马	164	80
6	越南	23767	63	毛里塔尼亚	1170	80
7	泰国	16747	82	荷兰	5979	77
8	美国	15912	10	吉布提	421	70
9	埃及	14038	24	利比里亚	1055	65
10	菲律宾	12763	33	越南	23767	63

注：总人口不足10万人或小于1000km^{2}的国家不在此名单之列。
资料来源：（Mac Manus等人，2019 [20]）基于Florczyk,A.等人，（2019 [3]），*GHS城市中心数据库2015，多时相与多维属性，R2019A*，https://data.jrc.ec.europa.eu/dataset/53473144-b88c-44bc-b4a34583ed1f547e。

参考文献

Corbane, C. et al. (2019), “Automated global delineation of human settlements from 40 years of Landsat satellite data archives”, *Big Earth Data*, Vol. 3/2, pp. 140-169, https://doi.org/10.1080/20964471.2019.1625528. [13]

Corbane, C. et al. (2017), “Big earth data analytics on Sentinel-1 and Landsat imagery in support to global human settlements mapping”, *Big Earth Data*, Vol. 1/1-2, pp. 118-144, http://dx.doi.org/10.1080/20964471.2017.1397899. [11]

Dottori, F. et al. (2016), “Development and evaluation of a framework for global flood hazard mapping”, *Advances in Water Resources*, Vol. 94, pp. 87-102, https://doi.org/10.1016/j.advwatres.2016.05.002. [19]

European Environment Agency (2015), “Imperviousness and imperviousness change”, https://www.eea.europa.eu/data-and-maps/indicators/imperviousness-change-1/assessment (accessed on 21 March 2020). [15]

Florczyk, A. et al. (2019), *GHSL Data Package 2019 (database)*, http://dx.doi.org/10.2760/062975. [6]

Florczyk, A. et al. (2019), *GHS Urban Centre Database 2015, Multitemporal and Multidimensional Attributes, R2019A (dataset)*, Joint Research Centre (JRC), European Commission, https://data.jrc.ec.europa.eu/dataset/53473144-b88c-44bc-b4a3-4583ed1f547e. [3]

Gallup (2017), *Gallup World Poll, 2016-17*, https://www.gallup.com/analytics/232838/world-poll.aspx. [18]

Gonzalez-Navarro, M. and M. Turner (2019), “Subways and urban growth: Evidence from earth”, *Journal of Urban Economics*, Vol. 108/C, pp. 85-106, https://doi.org/10.1016/j.jue.2018.09.002. [4]

Goodchild, M. (1977), “An evaluation of lattice solutions to the corridor location problem”, *Environment and Planning A*, Vol. 9/7, pp. 727–738, https://doi.org/10.1068/a090727. [23]

Gordon, P. and H. Richardson (1996), “Beyond polycentricity: The dispersed metropolis, Los Angeles, 1970-1990”, *Journal of the American Planning Association*, Vol. 62, pp. 289-295, https://doi.org/10.1080/01944369608975695. [7]

Jacobs-Crisioni, C. (2016), *Spatial data analyses of urban land use and accessibility.* [22]

Jacobs-Crisioni, C., L. Dijkstra and A. Kucas (forthcoming), “Does density foster efficient public transport? A network expansion simulation approach”, Manuscript submitted for publication. [17]

Lall, S., J. Henderson and A. Venables (2017), *Africa’s Cities: Opening Doors to the World*, The World Bank, http://dx.doi.org/10.1596/978-1-4648-1044-2. [10]

LeRoy, S. and J. Sonstelie (1983), “Paradise lost and regained: Transportation innovation, income, and residential location”, *Journal of Urban Economics*, Vol. 13/1, pp. 67-89, https://doi.org/10.1016/0094-1190(83)90046-3. [5]

MacManus, K. et al. (2019), *Population and land area at risk of coastal hazards: New Estimates of the Low Elevation Coastal Zone along an urban-rural continuum, 1990-2015.* [20]

Moreno-Monroy, A., M. Schiavina and P. Veneri (2020), “Metropolitan areas in the world. Delineation and population trends”, *Journal of Urban Economics*, https://doi.org/10.1016/j.jue.2020.103242. [8]

OECD (2018), *Rethinking Urban Sprawl: Moving Towards Sustainable Cities*, OECD Publishing, Paris, https://doi.org/10.1787/9789264189881-en. [1]

Owen, D. (2009), *Green Metropolis. Why Living Smaller, Living Closer, and Driving Less Are the Keys to Sustainability*, Penguin Books. [2]

Pesaresi, M. et al. (2013), “A global human settlement layer from optical HR/VHR RS data: Concept and first results”, *IEEE Journal of Selected Topics in Applied Earth Observations and Remote Sensing*, Vol. 6/5, pp. 2102-2131, http://dx.doi.org/10.1109/JSTARS.2013.2271445. [14]

Pesaresi, M., V. Syrris and A. Julea (2016), “A new method for earth observation data analytics based on symbolic machine learning”, *Remote Sensing*, Vol. 8/5, http://dx.doi.org/10.3390/rs8050399. [12]

UITP (2018), *World Metro Figures 2018*, Union Internationale des Transports Publics/International Association of Public Transport, Brussels. [16]

Veneri, P. (2018), “Urban spatial structure in OECD cities: Is urban population decentralising or clustering?”, *Papers in Regional Science*, Vol. 97/4, pp. 1355-1374, https://doi.org/10.1111/pirs.12300. [9]

Yamazaki, D. et al. (2017), “A high accuracy map of global terrain elevations”, *Geophysical Research Letters*, Vol. 44, pp. 5844-5853, https://doi.org/10.1002/2017GL072874. [21]

注释

[1] https://www.who.int/airpollution/data/cities/en/。

[2] http://habitat3.org/wp-content/uploads/NUA-English.pdf。

[3] https://unstats.un.org/sdgs/metadata/files/Metadata-11-02-01.pdf。

[4] *国际运输工人联盟/经合组织（2019），城市无障碍基础设施。公共交通服务范围与运输性能评估*，https://www.itf-oecd.org/sites/default/files/docs/accessibility-proximity-transport-performance.pdf。

[5] 根据《欧洲清洁空气展望》（https://ec.europa.eu/environment/air/clean_air/outlook.htm），"对于细颗粒物（PM2.5），多至8%的城市人口接触的浓度高于欧盟限值25μg/m^3，超过82%的城市人口接触的浓度高于世卫组织更严格的准则值10μg/m^3"。

[6] 百年一遇洪水是指可能每100年发生一次的洪水。气候变化已导致更极端的天气模式，可能会增加洪水的频率，包括那些100年重现期的洪水。

附件5.A 技术附件

邻里密度或人口加权密度

通过邻里密度或人口加权密度（加权密度），可以较为平衡地描述居民行为，确定每个居民的邻里密度，并对这些密度进行平均。在本书中，我们使用1km^{2}模数来测量邻里密度，在城市和城市功能区层面都谈及了这一情况。

公式：$\Sigma_{i=0}^{n}(density_i * population_i)/\Sigma_{i=0}^{n} population_i$

简单地说，对于一个城市的所有街区，将其密度乘以人口，除以城市的总人口。

随机抽取一个来自城市的人口样本，并计算他们居住的街区的密度平均值，会得出相同的结果。

邻里密度总是等于或高于城市密度。如果每个街区都有相同的密度，它将与城市密度相同。当邻里密度不同时，人口加权确保邻里密度高于城市密度。

邻里密度的好处是它忽略了没有人口的地区（因为它们的权重为零）。这确保了该指标不会因为城市边界内包含大型公园或未开发地区而降低密度。因此，这也使它对城市或大都市区的边界划定位置不那么敏感。

模拟公共交通网络

通过形态和密度，城市形态对城市交通的效率和流动潜力有着深远的影响。然而，对现有公共交通网络长度的比较无法揭示特定城市的形态和密度是否有效，因为政治偏好、收入水平和自然地理将在这些网络的范围内发挥重要作用（Jacobs-Crisioni，2016[22]）。

模拟最优公共交通网络可以显示哪些城市可以以较低的成本提供公共交通。该方法确保80%的城市功能区人口能够使用公共交通工具。模拟从创建一个基本网络开始，用于描述城市中所有可能的网络连接。每个1km^{2}的居住网格单元连接到2km内的所有其他居住网格单元。所有线路的速度都相对较低，为4km/h，这被认为是一个现实的步行速度。在2km内没有任何邻居的网格单元被赋予与最近邻居的单线。

第1步：基于起点–终点矩阵的选择

通过创建的基本网络，使用最短路径算法计算所有网格之间的行程时间。根据网格单元的人口和出行时间，估计网络上的客流。对于每对起点和终点，估计公共交通网络连接的成本和收益。假定公共交通以30km/h的平均速度运行，成本是固定成本和基于连接长度的可变成本要素的组合，收益是根据乘客公里数的预期收益估算的。最后，选择收益成本率最高的一对作为连接进行升级。

第2步：找到最具吸引力路径

对于所选择的连接，使用道路分配求解方法选择最具吸引力路径（见Goodchild，1977[23]）。这使得在规定的范围内，如果能产生更多的乘客公里数，这条连接就可以走更长的路径，从而确定起点和终点之间最合理的路径，最终选择总乘客公里数最高的路径。

第3步：向网络添加一条路径，并计算连接的人口比例

所选的路径以30km/h的速度添加到网络，而不是步行线路的基本速度4km/h。模拟继续返回到步骤1，搜索另一个连接以升级，直到至少80%的人口居住在一个有公共交通站点的网格单元中。

经合组织城市研究

世界上的城市——城市化的新视角

城市不仅是全球约一半人口的家园，也是经济活动和创新的主要中心。然而，到目前为止，对于城市到底是什么，还没有达成共识。对于如何界定城市、大都市区、城镇和农村地区，各国还存有实质性差异，这都阻碍了对可持续发展目标进行更准确的国际比较和评估。本书提出了关于城市化的新见解，首次将人类住区的两个新定义应用于全球：城市化水平和城市功能区。根据这些定义，本书提供了目前和未来城市化趋势的新证据，并揭示了全球大都市区的演变情况。它解释并研究了城市和其他类型住区生活质量的差异及原因，分析了世界各国经济发展与城市体系的关系。最后，描述了城市形态变化及其对可持续发展影响的新证据。同时，本书还展示了全球一致的城市和大都市区定义如何有助于更有效的政策制定。

译后记

自2019年开始，我组织力量编制住房和城乡建设领域“十四五”科技发展规划，鉴于“十三五”科技发展规划编制的经验教训，这次更多的是基于实地调研、借鉴国外对城乡建设和城市化进程的研究成果进行编制。有幸在2020年4月份，高杨先生给我推荐了刚出版的这本书，我阅读后，认为对于我们编制城乡建设领域的“十四五”科技发展规划很有参考价值；其后又得到了佟晓蕾女士的帮助，她协助经合组织、欧盟委员会授权我翻译出版此书；在翻译的过程中，得到了中国建筑工业出版社编辑们的悉心指导；初稿完成后，在3次的校对过程中，得到了赵文花女士、王尧女士、卢畅先生的检验，在此一并表示感谢！